JN289644

及川健二

沸騰するフランス

●暴動●極右●学生デモ●ジダンの頭突き

花伝社

沸騰するフランス——暴動・極右・学生デモ・ジダンの頭突き◆目次

まえがき

大国・フランスがいま大きく変わろうとしている。フランス・モデルや古いフランスからの脱却が巷では叫ばれている。

フランスはヨーロッパの頭脳と心臓だ。ナチスの悪夢から解放されて以来、フランスは欧州統合を先頭に立ち牽引してきた。フランスなくしていまの欧州連合（ＥＵ）はなかった。フランスなくして欧州の未来もない。

つまり、フランスが変わるということは、欧州が変わるということである。フランスの変化が分かれば、欧州の行き先を知ることができる。

筆者は、二〇〇四年七月から二〇〇六年三月までフランスに滞在し、フランス政治のキーパーソンへのインタビューをはじめ、フランスの政治・社会をつぶさに観察してきた。これをもとに、変動期にさしかかっているフランスの現状と背景を報告する。

二〇〇二年、フランスは欧州を震撼させた。

第一回目の投票で多く票を得た上位二位が二回目の投票に進める大統領選挙で、「移民排斥」

を掲げる極右政党のリーダーが決戦投票へと進んだのである。世界の誰しもが予期しなかった結果に唖然・呆然・愕然となった。

「人権」（ヒューマン・ライツ）を生み出した国で、反人権的に見える極右勢力がなぜ人気を得て、台頭するのか。それはフランスが行き詰まっているからだ。

フランスの行き詰まりは二〇〇五年にも形となって現れた。

フランス政府をはじめEU首脳が議論に議論を重ね、苦労の末に作り上げた欧州統合の骨格となる「欧州憲法」に、フランス国民は「ノン」を突きつけたのだ。欧州憲法はフランス国民の「ノン」で頓挫した。欧州統合という長大な構想は破綻しかけている。

同じ年にはフランス各地で若者による暴動が相次いだ。暴動のキッカケとなる事件のあった一〇月末から一一月二一日までに警察に捕まった人は二九二一人にものぼり、九〇七一台の車が破壊された。革命の如き騒乱が若者によって起こされた。

なぜ、そして、何に、フランスは行き詰まっているのか。

二〇〇七年にはフランスで大統領選挙・国民議会選挙・地方議会選挙が行われる。フランスのみならず欧州のこれからの一〇〇年を左右する選挙になることは間違いない。本書では大統領選挙で有力候補と見られている二人の思想・政策・人柄を取り上げている。「フランスのマドンナ候補」ともいわれるセゴレーヌ＝ロワイヤルには直接、インタビューができた。もう一人、サルコジにはインタビューこそできなかったものの、氏が講演する集会に二度行き、聴衆とともに話を聞いた。直接取材にくわえテレビ・雑誌・新聞・インターネットから得たデータをもとに、大統領選挙の行方を占った。

さらに、二〇〇二年大統領選挙で欧州を震撼させた極右のリーダー・ルペン、欧州憲法をつぶす原動力となった政治リーダー・ドヴィリエ、国際連合に大きな影響力を持つ人権NGOを率いる前大統領夫人ダニエル＝ミッテラン、ヨーロッパ環境派のカリスマ的指導者・赤毛のダニーなどに対して、彼ら／彼女らの息吹と精神を知るべくインタビューをしてきた。

本書は、こうした数々のインタビューを一つの柱としている。

同時に筆者は、フランス滞在中に生起した一連の出来事――国民投票、郊外暴動、初期雇用契約に反対する行動、同性愛をめぐる対立と緊張――を、いわば実況中継として、日本の雑誌に寄稿してきた。本書は、これらのルポルタージュ・記事をテーマごとに構成したものを、もう一つの柱としている。

読者は、本書を通じて、いまフランスで何が起きているのか、また起きようとしているのかを、筆者とともに体感していただきたい。外国と無関係に引きこもるかに見える日本社会も、このまま推移することは、ありえないというのが、フランスを観察しての筆者の確信でもある。

なお、本書中の写真は、すべて筆者が撮影したものである。

第1部　極右と暴動

第1章　極右＝国民戦線

1　ルペン・ショック

◆欧州極右のドン、ジャンマリー＝ルペンという男

あなたはジャンマリー＝ルペンという人物を知っているだろうか。

フランスという国に興味があるならば、あるいはフランスで留学・就職・労働を考えているのであれば、必ず知っておくべき人物の一人がルペン氏だ。フランス語を学ぶため、あるいは学業に励むためフランスの語学学校や大学に通うならば、授業や講義の中で「国民戦線」（Front National）や「ルペン」（Le Pen）という言葉を耳にすることが一度はきっとあるだろう。たいていは否定的な文脈においてであるが……。

「華の都」パリに憧れている人は、その対極にある極右（extrême droite）や彼らが語るフランスを知るべきだろう。フランスという国がオシャレで文化の香り高い部分だけではなく、映画『アメリ』(＊1)では見えてこない暗部とも呼ぶべき社会問題を抱えていることを、極右を通じて知ることになろう。

＊1　映画『アメリ』――フランス語のタイトルは「Le Fabuleux destin d'Amélie Poulain」。ジャン＝ピエール＝ジュネ（Jean-Pierre Jeunet）監督の作品で、フランスや日本でヒットした。カフェで働く二二歳のアメリが主人公。

ジャンマリー＝ルペン（Jean-Marie Le Pen）。「国民戦線」党首、欧州議会議員。1928年6月20日、フランス・ブルターニュ地方の猟師の子として生まれる。1956年に国民議会議員に初当選。当時植民地だったベトナムやアルジェリアの独立を阻止するためパラシュート部隊に従軍。1972年に右翼勢力を結集して「国民戦線」(Front National）を設立、党首の座につく。

さて、世界的に知られた高名なフランス人の一人がルペン氏であるという事実は、フランス人にとって不幸なことなのかもしれない。一九二八年六月二〇日に漁民の息子として南仏で生まれたルペン氏は極右政党・国民戦線の党首を務め、七〇代後半という高齢にも関わらず、同じく国民戦線の副党首として働く娘マリーヌ＝ルペン氏（Marine Le Pen）とともに、いまもなお精力的に政治活動を続けている。アウシュビッツ解放から六〇年にあたる二〇〇五年に入ってから、ナチスドイツによるフランス占領統治について「必ずしも人道的でなかったわけではない」とナチス擁護の持論を展開し、物議をかもした。以前（一九九七年一二月）にも、ナチス親衛隊出身の政治家がミュンヘンで開いた出版記念会の席上で、「ユダヤ人強制収容やガス室などは第二次大戦の歴史のなかで取るに足りない出来事だ」（安達功『知っていそうで知らないフランス』（平凡社、一八八頁）と発言して問題になった。

◆分裂の危機

反共、反社会主義を掲げてきたルペン政策の基本は「移民排斥」にある。「移民をフランスから追い出せば、失業は解決する」などとアジテートする。高い失業率に悩まされ、北アフリカからの移民が増えたフランスでは、国民戦線の排他的な政策は耳あたりがよいようで、世論調査では常に一〇～一五％の支持率を獲得しており（日本でいえば、民主党程度の支持率を獲得している）、いくつかの都市で国民戦線出身の首長が誕生した。

ブルノー＝メグレ

王朝復活を目論む王党派、カトリック・ロビー、戦前からのファシストの流れをくむ政治勢力が入り混ざって一九七二年六月に設立された国民戦線の歴史は分裂と党内権力闘争の歴史である。一九九八年から一九九九年にかけて、国民戦線の歴史でも最大ともいえる権力闘争が起きた。当時ナンバー2のポストについていたブルノー＝メグレ（Bruno

Mégret）氏という政治家が、国民戦線をルペン氏の独裁から解き放ち、自らがトップにつこうと試みたのだ。

メグレ氏は一九四九年四月四日生まれで、ルペン党首とは親子ほどの年の差だ。フランスの理工系エリート養成のための高等教育機関で、グランゼコール（＊1）のひとつである理工科学校（レコール・ポリテクニーク l'École polytechnique）を卒業している。メグレ氏は国土整備関係のエンジニアを経て、シャルル＝パスクワ氏（＊2）の推薦で対外関係省に入り、一九八一年の国民議会選挙に保守第一党の共和国連合（ＲＰＲ）から立候補したものの落選し、八五年に国民戦線に入党した。

＊1　グランゼコール――フランス独自の教育機関で高校卒業後、バカロレア（大学入学資格）試験に合格し、その後グランゼコール準備学級で二年勉強した後でさらに、グランゼコールの入試に受かったものだけが入学が許される高等教育機関のこと。いずれも難関で知られ、入学難易度の高さは世界的にも屈指で、日本の東大や京大、アメリカのハーヴァード大学等を越えるともいわれている。卒業生はエリートとしての要職が約束されている。

＊2　パスクワ（Charles Pasqua）――一九二七年四月一八日生まれ。保守本流の政治家で一九七七年に初当選して以来、上院議員を務めている。一九八六年三月二〇日から八八年五月一二日までジャック＝シラク内閣のもとで内務大臣を務め、一九九三年三月三〇日から九五年五月一八日までエドゥアール＝パラデュール内閣で内務大臣を再び務めた。一九九九年から二〇〇四年まで欧州議会議員を務めた。

メグレ氏は「動物の種を保護するために闘う一方で、混血による人種の喪失という原則を受け入れているのはなぜか？」とか「我々の文明は、我々を植民地化しようとしている未開原住民の文化よりはるかに優れたものである」などと西欧白人文化の優秀性を訴える。理論家だけれど演説が下手で官僚の匂いが強いメグレ氏と、話し出せば聴衆が興奮し魅了される演説の名手であるが理論を構築するタイプではないルペン氏は、対照的なキャラクターだった。対照的なキャラクター故に、メグレ氏は裏方に徹し党の実務を引き受け、政策づくりや党の理論構築に励む一方、ルペン氏は表に立ち、民衆の前で勇ましく時々の権力者・政府を批判し、フランスの没落を嘆き、国を救えるのは国民戦線だけだ……とアジテートした。二人の役割分担は、初めはうまくいっていた。

しかし、ルペン氏の度重なる失言や奔放さに嫌気がさし、メグレ氏は党首の座を奪取しようとする。

ルペン対メグレ戦争は、ルペンの暴力沙汰裁判(九七年総選挙中、社会党女性候補に暴力を振う)に発する。一九九八年一一月一七日ベルサイユ控訴院（高等裁判所）はルペン被告の有罪を認めたがルペン氏は上告。この裁判でルペン党首の被選挙権剥奪が予想されたためメグレ氏が、「自分が一九九九年の欧州議会選挙（比例代表選挙）で国民戦線のリーダーになるのが妥当」とほのめかしたものだからルペン党首は激昂した。ルイ一四世の「朕は国家なり」を真似て、「国民戦線にはナンバー1あるのみ」と宣言し、ジャニー＝ルペン（Jany Le Pen）夫人を欧州議会選挙への国民戦線のリストの筆頭者にすると発表した。

◆暴力団まがいの党内抗争

九八年終わりから始まった抗争は暴力団まがいの内部抗争だった。

「ブルータスが短刀でシーザーを暗殺しようとしたとき、シーザーは寛衣で頭を覆ったが、私ならブルータスに刺される前に剣で彼を殺す」と、自分をシーザーに、メグレ氏を謀反者ブルータスに仕立て「フランスが危ない！」とルペン党首は怒号をあげた。

メグレ氏が考えていたことは、ルペンの扇情的な外国人排撃の一人芝居だけでは政権はとれないということだった。国民戦線を近代化し、政権に参画することが可能な政党をめざすべきだとメグレ氏は考えた。

メグレ氏はルペン氏が二五年かけて築いた城塞と娘婿や忠臣らメグレ派造反組との間で罵倒・痛罵の交戦をし、果ては執行部をどちらが手に入れるか主導権争いをし、左派系日刊紙『リベラシオン』（Libération）は、「マフィアまがいの戦争」と形容し、泥沼化は年が明けた。

メグレ氏は反撃に出た。造反組は九九年一月に臨時党大会の開催を要求し、国民戦線・幹部セルジュ＝マルティネーズ氏（Serge Martinez）が同大会開催への署名運動を行い、開催に必要な党員の二〇％、一万以上の署名を集める。敵のゲリラ戦に慌てた党首は「エリゼ宮（大統領府）から資金が出ているメグレ派フリーメーソンの陰謀！　クーデター！　臨時党大会は罠！」と、叫び立てる。そして一二月二三日メグレと腹心六人を正式に除名し、メグレ派事務局員らの首も次々に切りスターリン流に一大粛正を決行した。

国民戦線党員の六割を占めるメグレ派は党員二〇〇〇名を集めて九九年一月二三日、二四日に臨時党大会を開き、新党「国民戦線―国民運動」(Front national-Mouvement national) を結成した。ルペン党首の長女・マリー＝カオリーヌ＝ルペン (Marie-Caroline Le Pen) 氏も大会にメッセージを寄せ、メグレ派への参加を宣言した。大会では八六％以上の票を集めメグレ氏が党首に就任する。メグレ党首は「暴言、失言、アジテーション抜きの政権をめざす党に」と演説した。この大会では皮肉なことに名誉総裁の称号をルペン氏に贈った。ルペン氏は「私がいたら、足げりを食らった連中が出たことだろう。国民戦線は私が三〇年前に設立した党しかない」と、国民戦線は一つしかないことを強調した。

九九年に行われた欧州議会選挙では国民戦線が五・六九％獲得して五人当選させたものの、メグレ氏率いる政党は三・二八％獲得しただけで議席はゼロだった。九九年一〇月二日、メグレ氏は党名を「共和国運動」(Mouvement national républicain) に変更したが、党勢は落ちる一方で、二〇〇二年大統領選挙でメグレ候補が獲得した得票数は二・三四％で惨敗。二〇〇四年の欧州議会選挙ではわずか〇・三一％の票を獲得しただけで、議席はゼロだった。メグレ一派は風前の灯だ。

二〇〇五年五月中旬、欧州憲法に反対するメグレ派「共和国運動」主催のパリ集会に私は参加した。一〇〇〇人近くの支持者が集まり、メグレ党首が派手に登場するのだろう……と思って会場にいったのだが、予想は大外れだった。参加者は一〇〇人にも満たず、メグレ党首の演説にもパラパラ拍手が起きるだけ。同じ週にパリで国民戦線が一〇〇〇人の参加者を集めて行った熱狂的な演説会とはあまりにも対照的だった。

◆欧州を揺るがした二〇〇二年の「ルペン・ショック」

国民戦線はメディアからは総スカンをくらい、常にからかいの対象であり、現代のファシズムとして知識人・ジャーナリストから非難されている。主要政党の政治家もルペン氏をはなからまともな政治家として認めず、フランスの恥部の最たるものとしてルペン氏を紹介するのがほとんどだ。ルペン氏自身、「私は公共の最大の敵だといわれている」と自らへの不評を認めている。

メグレ一派が離脱した後、これで国民戦線は壊滅だといわれた。しかし、脱党者が大量に出て組織はガタガタになり瓦解寸前のところまでいったにも関わらず、ルペン人気は一向に衰えなかった。

二〇〇二年に行われたフランス大統領選挙で大きな事件が起きたことをあなたは知っているだろうか（表1）。

フランスの大統領選挙では国政議員・地方議会議員・首長など五〇〇人の署名を集めた候補者だけが立候補でき、第一回投票で多く得票を得た上位二位の候補者が決選投票へと進める。それまでフランス共和国では決選投票に進むのは必ず保守派（右派）候補と革新派（左派）候補だった。

二〇〇二年四月二一日の第一回投票で、第一位に立ったのは現職のジャック＝シラク大統領(*1)（一九・八八％を獲得）だった。これは予想されていたことだった。しかし、二位に立ったのはフランス人の誰しもが必ず決選投票へと進むと確信していた社会党のリオネル＝ジョスパン首相(*2)（当時）ではなかった。フランス人のみならず世界中の人々がその結果に驚愕したのだが、欧州政界で悪評名高い極右のドン、ジャンマリー＝ルペン「国民戦線」党首が第二位につけたのだ。ルペ

表1 フランス大統領選挙

◆ 2002年大統領選挙第1回投票（4月21日） 投票率 71.6%

大統領候補者	所属政党	得票数	得票率%
ジャック＝シラク	共和国連合	566万5855票	19.88
ジャンマリー＝ルペン	国民戦線	480万4713票	16.86
リオネル＝ジョスパン	社会党	461万0113票	16.18
フランソワ＝バイルー	フランス民主連合	194万9170票	6.84
アルレット＝ラギエ	労働者の闘い	163万1145票	5.72
ジャンピエール＝シュヴェーヌマン	市民運動	151万8528票	5.33
ノエル＝マメール	緑の党	149万5724票	5.25
オリヴィエ＝ブザンスノ	革命的共産主義者同盟	121万0562票	4.25
ジャンサン＝ジョス	狩猟・釣り・自然・伝統	120万4689票	4.23
アラン＝マドラン	自由民主党	111万3484票	3.91
ロベール＝ユー	フランス共産党	96万0480票	3.37
ブルノー＝メグレ	共和国運動	66万7026票	2.34
クリスティアーヌ＝トービラ	左翼急進党	66万0447票	2.32
コリーヌ＝ルパージュ	CAP21	53万5837票	1.88
クリスティーヌ＝ブータン	社会共和フォーラム	33万9112票	1.19
ダニエル＝グリュックスタン	労働党	13万2686票	0.47

◆ 2002年大統領選挙決戦投票（5月5日） 投票率 79.7%

大統領候補者	所属政党	得票数	得票率%
ジャック＝シラク	共和国連合	2553万7956票	82.21
ジャンマリー＝ルペン	国民戦線	522万5032票	17.79

◆ 1995年大統領選挙第1回投票（4月23日） 投票率 78.38%

大統領候補者	所属政党	得票数	得票率%
リオネル＝ジョスパン	社会党	709万7786票	23.30
ジャック＝シラク	共和国連合	634万8375票	20.84
エドゥアール＝バラデュール	フランス民主連合	565万8796票	18.58
ジャンマリー＝ルペン	国民戦線	457万0838票	15.00
ロベール＝ユー	フランス共産党	263万2460票	8.64
アルレット＝ラギエ	労働者の闘い	161万5552票	5.30
フィリップ＝ドヴィリエ	フランスのための運動	144万3186票	4.74
ドミニク＝ヴォワネ	緑の党	101万0681票	3.32
ジャック＝シュミナード	欧州労働党	8万4959票	0.28

ン氏が獲得した得票率は一六・八六％で、一六・一八％のジョスパン首相と約二〇万票の開きがあった。

＊1　シラク（Jacques Chirac）大統領――一九七七年〜九五年までパリ市長。一九七四〜七六年、一九八六〜八八年、首相を務める。シャルル＝ドゴール大統領の系譜をつぐ保守政党「共和国連合」（RPR）の党首を長く務める。当時首相だったシラク氏は一九八八年に大統領選挙に出馬するが、フランソワ＝ミッテラン大統領（当時）に惨敗する。一九九五年に大統領に当選、二〇〇二年に再選する。シラク氏は熱狂的な親日家で訪日回数は四五回にも及ぶ。一九九四年には約一カ月、夏期のバカンスで日本に滞在し、松尾芭蕉のファンのシラク氏は奥の細道を観光した。大相撲のファンであることもよく知られ、大統領府でその日の取組のビデオを見ていると噂されている。縄文土器・弥生土器など日本文化に造詣が深い。

＊2　ジョスパン（Lionel Jospin）首相――一九三七年七月一二日生まれ。一九八一年に国民議会議員に初当選、二〇〇二年まで続ける。一九八一年〜八八年、九五年〜九七年の間、社会党第一書記（党首）を務める。一九九五年の大統領選挙に出馬し、ジャック＝シラク氏に僅差で破れる。一九九七年六月の国民議会議員選挙では社会党が圧勝し、共産党・緑の党と連立政権をつくり、社会党第一書記だったジョスパン氏が首相に就任する。二〇〇二年五月まで首相をつとめる。首相在任中は週三五時間労働制を導入し、二〇〇五年秋に若者を中心とした暴動が起きたパリ郊外の社会的援助を実施した。二〇〇二年大統領選挙で敗北が分かるや政界引退を宣言したが、その後、政治活動を再開した。

フランスではキワモノ扱いで、常にメディアの嘲笑と批判の的になってきたヒール・レスラーのようなルペン氏が決戦投票に進んだことはフランス社会に大きな衝撃を与えた。いや、フランスのみならず、移民排斥を掲げる極右勢力が同様に台頭する欧州の他国にも深刻なショックを与えた。ジョスパン首相はその日に政界引退を表明した。

「ルペン・ショック」（Le Choc Le Pen）。マスコミはそう形容した。ルペン・ショックは欧州を揺るがした。

◆ルペンを善戦させた保革共存という歪み

事前の世論調査で常に一、二位を争っていたジョスパン首相の敗因はいくつかある。ひとつは、保革共存《コアビタシオン》（cohabitation）に対する国民の飽きがあげられる。

フランス政治体制は日本といささか異なる。元老院（上院）・国民議会（下院）の二院制からなる点では似ているが、国民の投票によって選出される大統領が存在する点では異なる。第五共和制（一九五八年）以降、大統領に絶大な権力が集中するようになっている。

他方、首相という職がフランスには存在する。首相を選ぶのは大統領だが、フランスの慣例では、国民議会で過半数を形成した政党・政治勢力から首相が選ばれることになっている。大統領の任期は七年（二〇〇二年から任期は五年に変更）で、国民議会議員の任期は五年だ。選挙の年月日が異なるため、時によっては大統領と首相が違う政治勢力から選出される場合がある。そんな事態がいままで三回起きた。

保守と革新が同時に政権につくその状況を保革共存《コアビタシオン》という。コアビタシオンは本来、同居・同棲を意味する。そこから派生して、政治的文脈においては大統領と首相がそれぞれ対立政党から出ている状態を意味するようになった。

第一次保革共存は一九八六年三月から八八年六月まで続いた。このときは社会党のフランソワ＝ミッテラン氏が大統領（任期は一九八一〜一九九五年）で、首相に就いたのは八六年の国民議会選挙で多数派を制した共和国連合（ＲＰＲ）(＊1)のリーダー・ジャック＝シラク現大統領だった。八八年の国民議会選挙で社会党が多数派を占めて第一次保革共存は終わる。

＊1　共和国連合（Le Rassemblement pour la République）――一九七六年一二月五日にジャック＝シラク氏によって創設された。シャルル＝ドゴール元大統領の系譜をひくドゴール主義の保守政党で、二〇〇二年四月に現政権党・国民運動連合（ＵＭＰ）が創立される時に同党に合流する形で解党した。

ミッテラン大統領―シラク首相のときは意見対立がしばしば起き、激しい応酬が交されたという。

第二次保革共存は九三年から九五年までで、共和国連合のエドゥアール＝バラデュール（Édouard Balladur）氏が首相に就いた。しかし、バラデュール首相のときは、ミッテラン氏が高齢の上、前立腺ガンを患っていたため、仕事の大部分を首相に任せたという。

フランスは保革共存を二回経ることで、外交・軍事を大統領が担当し、内政を首相が担当するという風に、役割分担が確立されるようになった。

そして、二〇〇二年の大統領選挙に影響を与えた第三次保革共存は一九九七年六月から二〇〇二年五月まで続いた。一九九七年六月の国民議会選挙(＊2)では社会党・緑の党・共産党・左翼急進党・市民運動といった左派勢力が保守政党を数で上回り、政権交代が実現する。このときの大統領はシラク氏であり、首相には社会党の重鎮・リオネル＝ジョスパン氏がついた。ジョスパン首相の政策で有名なのが週三五時間労働制の導入だ。それまで週三九時間労働制だったのを四時間短縮した。労働者の権利を手厚く保護する左翼政権の象徴的な政策だった。しかし、保守と革新が同時に政権についたことで、両者の違いが国民からは見えにくくなった。いまの政治に不満があったとしても、左翼が悪いのか右翼が悪いのか分からない状況だった。

＊2　一九九七年国民議会選挙——定数五七七議席の国民議会で、四三・三％を占める二五〇議席を社会党が獲得した。共産党は三六議席、緑の党は七議席、左翼急進党・市民運動はあわせて二六議席だった。一方、共和国連合は一四〇議席、フランス民主連合は一一三議席を獲得するにとどまった。

◆若者、失業者、労働者で一番人気だったルペン

二〇〇二年大統領選挙でその間隙をついたのが、ルペン氏だった。右翼・左翼に対するアンチテーゼとして少なからぬ国民はルペン氏に投票した。躍進したのはルペン氏だけではない。トロツキストの極左政党「労働者の闘い」（LO）「革命的共産主義同盟」（LCR）「労働党」の三候補が得た票は一〇％を越えた。極端な右にくわえ極端な左も伸びた状況は、既存の保守・革新に対する国民の嫌気を表しているだろう。

ただ、理由は保革共存だけに求めるわけにはいかない。

マスコミは第一回投票後、何故、ルペン氏が人気を得たのかを調査し背景分析をした。治安に対する不安、減らない失業、増加する移民、耳あたりの良い国民戦線の政策などなど様々な要因

があげられた。

ルペン党首がシラク大統領とともに決選投票に進出した二〇〇二年フランス大統領選挙第一回投票の世代別投票動向（フランス大手調査機関・IPSOS調査）を見ると、一六人いる候補者の中で一八〜二四歳ではルペン党首が一番人気で一六％もの支持を獲得、二位のシラク候補・ジョスパン候補(当時、首相。社会党)は各々一四％。二五〜三四歳ではシラク支持が一八％(一位)なのに対し、ルペン支持は一七％（二位)。職業別で見ると、失業者のルペン支持は三八％でダントツ一位。二位のジョスパン（社会党）支持（一三％）に大差をつけている。現場労働者の支持率でも三〇％とルペン氏が二位のジョスパン氏（一五％）を圧倒。失業者や現場労働者、若者がルペン支持に傾斜したのだ。

◆決選投票では八二％の得票でシラク大統領が圧勝

ルペン氏が決選投票へ進出することが決まった後、左翼政党も労働組合も、ルペン氏だけは大統領にしていけないと、「フランスの民主主義を守る」という大義名分の元、保守のシラク氏への投票を訴えた。五月一日のメーデーでは、フランス全土で一三〇万人の市民がデモに参加して「ルペン阻止」を訴えて行進した。

五月五日に行われた第二回の決選投票では、勝敗が分かり切っていたが、第一回目の投票率が約七一％だったのに、決選投票の投票率は約八〇％という高さで、シラク大統領が約八二％以上の票を獲得し圧勝した。

私はフランスに行く前からルペン氏と国民戦線に興味を持っていた。彼らを通して見えるフランスは如何なるものか、関心があったのだ。一体ルペン氏のどこに惹かれ、一定の人々は魅了されて支持したのか。そして、いまなお支持するのか。私は自分の目でそれを確かめたかった。

私がとった手段は潜入取材である。国民戦線の奥深くまで入り込めば何か見えてくるだろうと思い取材を開始した。

2 国民戦線の聖典ジャンヌダルク祭

はじめて私が訪れた国民戦線のイベントは、二〇〇五年五月一日にパリ市内で開かれたジャンヌダルク（Jeanne d'Arc）祭だった。メーデーにあたる五月一日には毎年、左翼政党・労働組合が労働者の権利を訴えてフランス全土でデモ行進する一方で、国民戦線はパリ市内でダルク祭を開催する。フランスの救国の英雄・ジャンヌ＝ダルクを彼らは崇拝し、ルペン党首をダルクと重ね合わせ、救国の主として演出する。五月一日は国民戦線にとっても特別な意味を持つ。

それまでは冬のような寒い日が続いていたのに、五月一日は気温が日中、三〇度まで上がる真夏日だった。

私が会場に到着したころ、フランス全土からかけつけた総勢三〇〇〇人という国民戦線の支持者はルーヴル美術館前を走るリボリ通りに集まり、それぞれの地方ごとに隊列を組み、ルペン党首のプラカードやフランス国旗を掲げていた。フランスではデモやパレードが行なわれるとき、往々にして車を通れないようにするため道路がひとつ完全封鎖され、歩行者天国状態となり、デモ隊はだだっ広い通りをゆっくり行進することができる。東京でいえば、山手通りや明治通りが封鎖され、そこをデモ隊が行進するようなものだ（日本で「フランス・デモ」と呼ばれるが、これは和製英語）。普段は車が行き交うリボリ通りもその日はホコ天状態だった。

隊列の中で、六歳ぐらいの年頃の少女が三人ならび、両頬に青・白・赤のペイントを塗り、かわいらしい国旗を持っている。カメラマンたちが彼女らの前に立ち写真を撮ると、少女は少し戸惑い気味に照れ笑いをうかべた。

まず、会場に駆けつけた党幹部は国民戦線・ナンバー2のブルノー＝ゴルニッシュ（Bruno Gollnisch）全国代理&欧州議会議員だった。「ブルノーだ」と支持者は歓声をあげる。メディアがわっと彼の周りを囲み、フラッシュがたかれ、マイクが向けられる。私もその一団に混じった。インタビューが終わり、解放されると、彼は私のところに近づいてきて、フランス語でこう云った。

マリーヌ＝ルペン。1968年8月5日生まれ。ルペン「国民戦線」党首の娘で、2003年4月から同党副党首、2004年から欧州議会議員。2002年から「ルペンの思想と業績を受け継ぐ」組織「ルペンの世代」の代表。

「どこの国から来たのですか？」

「日本ですよ」とフランス語で返すと、

「そうですか、日本人のジャーナリストですか」

と突然、日本語で話し始めた。

「私は行かないといけませんので、あとで写真をとれるようにしてあげますよ」と流ちょうな日本語で彼は話し、その場を立ち去った。

次に現れたのはルペン党首の娘であるマリーヌ＝ルペン副党首＆欧州議会議員だった。支援者から拍手喝采が起きた。

◆ルペン党首が登場

大御所は最後に現れた。黒塗りの車がルーヴル美術館前に到着し、車の中から、グレーの背広に身を包みライト・グリーンのネクタイを締めたルペン党首が満面の笑みを浮かべて夫人とともに現れた。

「ジャンマリー、党首様」(Jean- Marie, Président)

支持者の中からかけ声と嬌声が一斉にあがる。

まるでサッカーを観戦するサポーターのような盛り上がりだ。

党首の周りを三十人以上の黒服に身を包んだ親衛隊が囲み、一般市民は近寄れないようにする。党首様の姿を一目見ようとする支援者とマスコミが押し寄せ、親衛隊の周りに人垣ができる。

ゴルニッシュ氏がハンドマイクを持ち、彼のかけ声にあわせて、行進が開始された。

「Non, non, non！ A la Constitution !」

このかけ声は、五月二九日に投票される欧州憲法の批准をめぐる国民投票で、「ノン」の票を

オペラ座前の巨大な演壇の前で

投じようという意思表示だった。

ルペン氏の左隣にジャニー夫人が、さらにその左隣にゴルニッシュ氏が並ぶ。

ルーヴル美術館の前で日本の観光本を手にした若い日本人女性が二人、立ち止まり、ぽかんとした顔で彼らを眺めている。観光本に国民戦線のことなど書いていないだろうから、何が起きているのか分からなかったにちがいない。

行進はオペラ座大通りに行き、目的地のオペラ座前の巨大ステージに着いた。オペラ座をバックにして設置された演台の後ろには、ジャンヌダルクの絵が大きく描かれ「NON!」という文字が大書されている。

演壇の前に退役軍人のお年寄りたちがフランス国旗を持って勇ましく並ぶ。しかし、暑さの余り倒れる人も出た。ステージには欧州各国の極右政党のゲストが並び、紹介された。

そして、もちろん最後に出てきたのはジャンマリー＝ルペン党首である。支持者を魅了するルペン・スマイルを浮かべ、右手を振り上げて演壇に登場すると、支援者があちこちで国旗をはためかし、声援を上げ、三色旗が会場中を覆う。

◆国歌斉唱で祭典は終わった

燦々と照りつける太陽を浴び演説を始めたルペン党首は暑さのあまり、ジャケットとネクタイを外し、ワイシャツ一枚になった。娘のマリーヌ氏がさっと近寄り、マイクをワイシャツの襟に装着させた。

「欧州憲法が批准されれば繁栄や完全雇用、社会進歩が導かれるわけではない。失業、社会的不安定、フランス企業の崩壊が起こる。」

「欧州憲法によって移民がフランスに大挙し、フランスの社会保障制度は崩壊する。」

ルペン氏はフランスが直面する危機を煽った。そして、問う。

「フランスをかつて救ったのは誰か？」

「ジャンヌ＝ダルクだ」という声が会場から起きる。

「そしていま、フランスを救えるのは我々、国民戦線だ。」

ルペン氏は絶叫した。

演説が終わると国歌が斉唱された。

そして、「Vive la France! Vive l'Europe!」（フランス万歳！ヨーロッパ万歳！）というルペン氏の言葉で祭典は終わった。

ルペン氏は演説で欧州憲法は国民投票によって否決されるだろうと予言した。結果はその通りになった。五月二九日、フラ

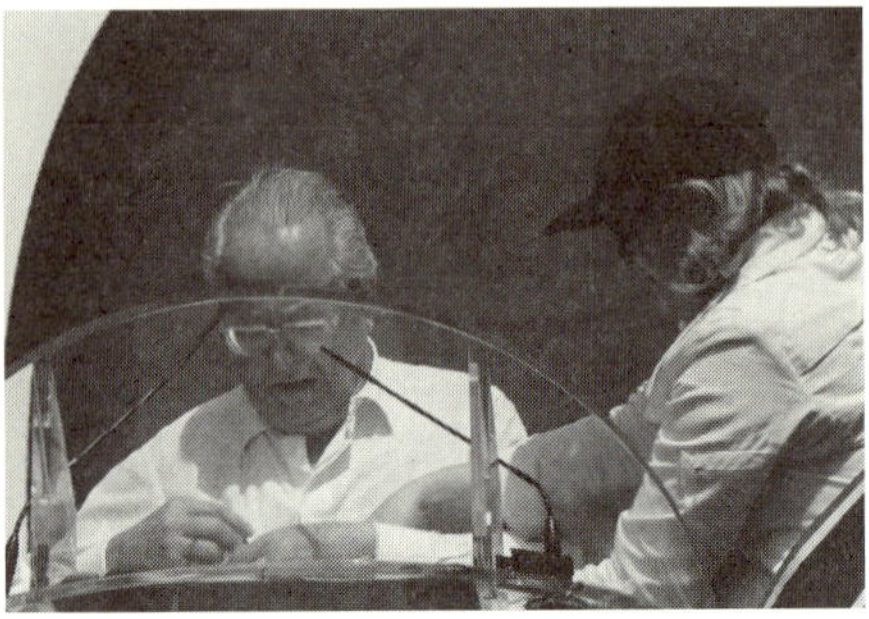

壇上のルペンにかけよるマリーヌ

ンス人の多数が欧州憲法に「ノン」をつきつけ、批准は見送られた。

私は投票日、国民戦線の本部に行った。

事前調査によりテレビ各局は開票集計作業が終わる前に批准否決を伝えた。支援者・職員はそれを見て、歓喜した。これまで常に少数者で迫害されていた国民戦線が初めて多数派になれた日、それが二〇〇五年五月二九日だった。勝利の宴とばかりにシャンパンやワインを飲み、夜が深まるにつれ踊り出し、勝利集会はダンスパーティーになった。

3　二〇〇一年のルペン演説——「米国こそ反省すべし！」

——二〇〇一年九月一一日に米国でテロが起きてから二週間たった後、二〇〇一年九月二三日に「青・白・赤の祭典２００１」（ＢＢＲ）で行った演説ルペン党首が行った演説がすさまじい。(*1)9・11テロの直後に行った演説であるにもかかわらず、今なお、読み応えのある内容になっている。「米国こそ反省すべし！」という正論を吐き、テロリズム原論とでも呼ぶべき緻密な議論を行っている。彼は主に以下、五つの主張をする。

*1　原文——（http://www.frontnational.com/doc_interventions_detail.php?id_inter=15)。

①　テロの起源はフランス革命にあり。

②　テロとは弱者の武器である。

③　広島・長崎の原爆や、イラク攻撃こそテロである。

④　反省すべきは米国である。
⑤　米国の悲劇を絶対視してはならない。

――ルペンは語る。

「テロリズムを糾弾し、テロと闘うためならば執拗かつ長い戦争をも厭わない趨勢に世界的になっている以上、真正面からテロについて論ずる必要があるかも知れない。今日においてテロリズムに如何なる普遍的定義を与えうるだろうか。

私は次のように定義づけたい。テロリズムとは、一般市民が依るべきところとしている政府に圧力をかけるために、市民を標的にして死やひどい苦しみを押しつける手法すべてである。内部の面では占領をつづけ権力を保持するためになされるのであり、外部の面では（時の）政権を放逐するためにおこなわれる。

哀しいことにフランス革命がテロを行った最初のものであるということを知る必要がある。そのうえ、『テラー』（terreur）（恐怖政治）という語は（フランス革命後の）一九七三〜一七九四年の間に作り出されたのだ。

ロベスピエール、マラー、サン＝ジュスト、ダントンは、人々を恐怖させることによって革命政府を権力の座に留めるため、自称『人道主義』という理想の下に数千の男女をギロチン送りにした。」

――ルペンはつづけてテロリズムの性格について述べる。

「二〇世紀の社会主義の独裁者どもは国内外にかかわらずまさにフランス革命の申し子であったわけだが、共産主義のために何百万もの人々を虐殺していった。これなどは、政府によってなされた恐怖政治だ。

テロリズムというのは以上述べたとおり統治する方法でありうるし、権力を奪取する戦術でもありうる。なにも現政権・権力を恫喝・攻撃することだけが狙いではなく、脅しと犯罪によって自分らに合流・奉仕することを市民に強いることを狙う場合もある。たとえば、コルシカ島のテロなどはその良い例だ。

テロリズムは、諸政府が遵守する（あるいは遵守すべきだと主張する）戦争法・平和法を拒絶する。テロとは弱者の武器なのであり、極端なまでの暴力は彼らのハンディキャップを補うものなのだ。今日、現存するいくつかの国はテロによって生まれたのであり、周期的・連続的なテロの実践を経験してきた。」

――「テロとは弱者の武器」という指摘はその通りだろう。米国がテロにあったのも、米国と戦争しうる主体が存在せず、攻撃する手段はテロに限られているからだ。ルペンは続けて、「広島・長崎の原爆や、イラク攻撃こそテロである」と持論を展開する。演説のハイライト部分だ。

「外国から本土を攻撃された経験がなく、敵が傷を負わせ陵辱したがっていることなど思いもしなかったアメリカにおいてなされた、ニューヨーク・ワシントンを血みどろにした一連の空中攻撃は疑いなく、私が上述したテロリズムの定義に入る。

しかしながら、テロというものは国家転覆を目論む秘密結社や革命組織によって独占されているわけではない。

『国家によるテロ』とも名付けうるものが存在している。第二次世界大戦において数百万の一般市民を殺戮した大空爆などはその一例であろう。たとえば、英国のコベントリーやロンドンにおける空爆、たくさんの街々を破壊し数千の死者を出した占領下のフランスにおける空爆、軍事的施設でなかったドレスデンをはじめとしたドイツの大都市で行われた空爆(*1)、一夜にして二〇万人もの人々を殺戮した爆撃、あるいは広島・長崎の原爆。最近の例でいえば、軍隊を地上に投入しなくてもすむように市民的施設・経済的施設を機械的に破壊し尽くしたユーゴスラヴィアにおける空爆がテロの定義に入る。あるいは、度重なる空爆によって逼迫しているイラクにおいては、同国が平和な状態であるにも関わらず、サダム＝フセインを放逐するという目的のためだけに、十年にもわたって続けている容赦ない経済封鎖によって百万以上の子ども達を米英連合が殺していっている。おまけに、定期的に空爆を続けている。これなどもテロの範疇《はんちゅう》に入る。

『(自分たちには)一人の死者も出さない』という米軍の理想は、無辜《むこ》の市民の死・滅亡を敵対者に押しつけ、全国民に抑えられない憎悪をかき立てることがないのであれば、魅力的かも知れぬが、現実はそうではなかろう。」

＊1　ドレスデンの空爆——第二次世界大戦において、米・英軍によってドイツ敗戦の直前、一九四五年二月一三日から一五日にかけて、ドイツのドレスデンに対して行われた無差別爆撃。二万五〇〇〇人〜三万五〇〇〇人の死者が出た。

——ルペンよ、そこまでいうか、というところまで、アメリカをこき下ろしている。ルペン氏の言説がフランスの一部有権者だけでなく世界の一部市民でウケるのは、誰しもが心の奥底で思っていてもいえない本音をいうからだろう。「建前の政治」に対する「本音の政治」がルペン氏の魅力となり得ている。ルペン党首の演説はさらにボルテージをあげ「反省すべきは米国である」という。

「ニューヨーク・ワシントンテロによって世界に生じ、世界中のメディアによって組織化された感情のうねりや、共犯者として見なす（或いは罰する）という米国の恫喝のもとに外国諸政府が発した声明は、征服された人々・貧困に喘ぐ人々・小国の不幸と紛争を生じさせた世界の無関心と比較した場合、大げさすぎるといえるであろう。

衝撃的な心情の中で自らが理解不能な攻撃の被害者であるとアメリカ国民は心から信じているように思える。しかしながら、災難の中とはいえ、アメリカ国民は政府に対して自己批判を求め、責任の一端があることを認めるよう迫らなければならないと私は考えている。

というのは、アメリカが世界にもたらした覇権的政治によって、ひどい苦しみ・巨大な不正が引き起こされ、尽きることのない恨み・憎しみが生みだされたているからだ。そのことを米国民は知らなければならない。」

――米国民に反省を促すルペン党首は「米国の悲劇を絶対視してはならない」と続ける。

「アメリカが悲劇的な状況下にあるとはいえ、彼／彼女らの涙によって我々は目をくらまされてはならない。なるほど哀しみ、喪に服す時期もあろう。フランスは同盟国の不幸、被害者の苦しみ、遺族の心痛に同情しなければなるまい。かといって、アメリカ合衆国によって提唱された報復の政治というものに無条件に同調するわけにはいかない。

アメリカというのは大きな国だ。欧州諸国の臆病や責任放棄の故に世界の至るところで介入しているとはいえ、自らのルールを世界に課す力を持ちうる（ないし、世界に課そうと思っている）超大国である。まるで、ジョージ＝オーウェルが『一九八四年』で描いた『ビッグブラザー』(*1)のように振る舞っている。

アメリカはその力が絶対的なものだと考えている。とりわけソ連が崩壊し冷戦の脅威がやわらいで以来、責任の範囲と能力の限界を見誤っている。

一〇年にもわたるイラクにおける米国の経済封鎖によって、貧困や治療の欠如が原因で一〇〇万人の子ども達が死ぬという災害がもたらされた。その数では世界貿易センタービルの犠牲者の二〇〇倍にあたる。惨劇と呼ぶに相応しいニューヨークの哀れみは、しかし、絶対視されてはならない。非人間的な不正の政治を再考することに心を傾けることも同様にしなければならない。」

＊1 「ビッグブラザー」――『一九八四年』は、一九〇三年六月二五日生まれで一九五〇年一月二一日に永眠し、『象を撃つ』、『動物農場』などを書いたイギリスの作家、ジョージ＝オーウェルの代表作で、全体主義を痛烈に批判。一九四八年に執筆された。「ビッグブラザー」は『一九八四年』に出てくる独裁者。政府の発表を流す「テレスクリーン」は同時に盗聴器の役割を果たし、国民を常に監視・管理する。

――この演説を読み、これが極右のいうことかと驚かれる方が多いかもしれない。しかし、これがルペン党首・国民戦線の一貫している主義主張なのだ。

4 祭典「青・白・赤」２００５

二〇〇五年秋に開かれた「国民戦線」主催の祭典「青・白・赤（Bleu Blanc Rouge）」（ＢＢＲ）に参加するため、二〇〇五年一〇月八日、パリ郊外の駅・ブルジェに私は降り立った。「青・白・赤」とは、フランス国旗の三色を表し（「青＝自由」「白＝平等」「赤＝博愛」を意味する）、フランス国旗は「三色旗《トリコロール》」とも呼ばれる。一〇月に入ってからずっと曇りの日が続き、寒く冬の到来を思わせるような日が続いたのに、その日は雲ひとつない快晴で初夏のように気温が上がった。タンクトップやＴシャツ姿の男女を電車内で見かけた。

改札を出て壁に貼られた地図を見ていると、スーツを着た白人男性が私の隣に来た。

「アナタはＢＢＲに行くのですか。私もそうです。さて、どのバスに乗ればいいのやら？」と尋ねられたので、「会場へとつなぐ無料バスがあるそうですよ」と説明する。運がいいことにちょうどそのバスがやって来て、駅前に停車した。

バスを国民戦線が貸し切って一日中ずっと往復し続けるという。運転手は公営企業の職員だ。ふだんは普通のバスに客をのせ運転している。極右集会に客を乗せていくことをどう思うのだろう。職務として割り切っているのだろうか。

バスに乗り込み椅子に座り発車を待っていると、大学生っぽいブロンド・ヘアの細身の女性がバスの入り口付近で携帯電話に耳をあて話している。バスがエンジンを入れると電話をきり慌てて乗り込んだ。あとで気づいたのだが、彼女はジャーナリストで以前、ルペン党首の記者会見場で顔を合わせたことがあった。

一五分ほど走ると、飛行場の滑走路のようにだだっ広い駐車場が見えてきた。イベント会場だという。前に紹介したジャンヌダルク祭は、大通りをデモをしたりオペラ座前で集会を開くなど、一般に向けたイベントであるのに対して、この祭典「青・白・赤」は、会場をしつらえ、入場料もとり、会場内に様々なブースが設けられるという、「国民戦線」支持者を対象としたイベントである。建物の入り口に入ると、空港のようなセキュリティが設置されており、一〇人以上の職員がそこに位置し、入場者に金属を探知する機械を通るように指示する。そういえば五月の欧州憲法がらみの集会でも持ち物検査があったし、パリの道路を歩くジャンヌダルク祭では警備隊が三〇人ぐらいで輪をつくり、ルペン党首に近づけないようにしていた。極右故に狙われていて、厳戒の警備が必要なのだろう。

◆国民戦線・幹部が勢揃いしたオープニング・パーティー

会場に入るとすでにジャンマリー＝ルペン党首が到着しており、カメラや録音機器を持った記者に囲まれている。その隣には党内ナンバー2のゴルニッシュ全国代理がいた。

会場内をうろつき、どんな人たちが来ているか確かめた。党内ナンバー3で祭典の直前に党運営をめぐりルペン党首と意見対立があったカール＝ラング氏(*1)が会場の隅にずっと立っている。党内分裂と幹部更迭……という左翼政党も真っ青の歴史を繰り返してきた国民戦線のことだから、ラング氏もそのうち更迭されるかもしれない……と思い、ブログにその旨書いたら、私の予感が的中し、彼は翌週、更迭されてしまった。

＊1　ラング（Carl Lang）――一九五七年九月二〇日生まれ。一九九九年から二〇〇五年まで、「国民戦線」ナンバー3にあたる書記長を務めた。一九九四年から欧州議会議員を務めている。

ゴルニッシュと談笑するルペン

ルペン党首の娘のマリーヌ＝ルペン副党首やジャニー＝ルペン夫人の顔もあった。ルペン党首は相変わらずときおり笑いながら、記者団にずっと話し続けている。

ゴルニッシュ氏とルペン党首の間でもＢＢＲの直前、意見対立があったのだが、そのことを記者から突っ込まれると、ルペン氏は、「諸君、国民戦線は軍事組織じゃないんだ。市民組織だ。異なる意見があるのは当たり前だ」と語り、ゴルニッシュ氏と肩を組み、笑顔全快でおどけてみせた。

一団に混じり、写真をとっていると、ゴルニッシュ全国代理と目があった。左手に持ったシャンパン入りのグラスをこちらにむけて少し上げ、「乾杯！」の仕草をした。ルペン党首にもゴルニッシュ氏のところにも記者がたえず張り付き、彼らは休む間もない。少し記者が離れたところでゴルニッシュ氏はこちらに来て、フランス語で「ようこそ。御元気ですか？」といって握手をして、ルペン党首についてそそくさと立ち去った。祭典会場内のブースを見学するのだとか。

◆イラクの子どもＳＯＳ

会場には海外領土圏を含むフランス全土の各地方の国民戦線・党員がブースを出して、地元の特産品や、チーズやワイン、シャンパンを販売したり、牡蠣《かき》を売ったり、あるいはバーやレストランを出している。気になったのは、「イラクの子どもＳＯＳ」(http://www.sosenfantsdirak.org) というブースだ。そこに立ち寄ると、ジャニー＝ルペン夫人が書いた著作とイラクの子ども達とダニーさんがおさまった写真などが飾られている。イラクに医療物資を届けるべく、ジャニー夫人はゴルニッシュ氏らと二〇〇五年九月に隣国ヨルダンに飛びたったという。

国民戦線が中心となって一九九五年に立ち上げられた「イラクの子どもＳＯＳ」は一〇年以上、

医薬品や食糧が不足するイラクの子ども達を救うべく活動してきた。代表はジャニー＝ルペン夫人が務めている。「極右と人道支援」は「水と油」のように思えるが、そうでもないのだろう。

ブース内をうろついているとネクタイを締めたおじさんが、「アナタに以前会いましたよ。いつだったか、国民戦線の集会で見かけました」といって、私の手を握りしめた。東洋顔の記者が国民戦線の集会を取材することなど稀だから、しっかり顔を覚えられてしまったようだ。

◆ルペン党首が会場からテレビ出演

「イラクの子どももＳＯＳ」のブースを出た後、会場をぶらついていると、フランス海外領土圏のブース前でルペン党首が立っている。一三時一五分から地上波のテレビ局・ＴＦ１に出演するのだという。会場からの実況中継だそうだ。バーにあるような高い椅子が用意され、党首はそれに腰掛けている。カメラマンや記者、警備のごつい男どもがそれを囲み、そのまわりに支援者の輪ができる。ゴルニッシュ氏も近くで眺めている。

「ケータイの電源は切りましたか」と彼が話しかけると、ズボンの後ろポケットからルペン党首はケータイを取り出し電源をきり、まわりのスタッフにそれを渡した。

何か用事があると彼は右の人差し指をあげ、それを曲げる。スタッフがさっと来る。耳元に党首は何かささやく。「かしこまりました」といい、スタッフはさっと身をひく。放映の数分前、ルペン党首は立ち上がった。椅子が取り去られる。

放送が始まったのか、カメラに向かって微笑みだした。それまで無表情だったのに満面の笑み

サインに応じるルペン

を浮かべている。

スタジオのキャスターがルペン党首に話しかけているようだが、会場の聴衆はそれを聞くことができない。突然ルペンが口を開き、二〇〇七年大統領選挙に向けた決意などを語り出した。

上半身をゆらし、両手をつかって話す。笑顔全快だ。

一〇分ほどでインタビューは終わった。最期に党首が「ありがとう。さようなら」といって終わった。

「ジャンマリー」「党首様〜〜!」という合唱が拍手とともに起こった。

「フレー、フレー、プレジダン!」と支持者は絶叫する。ルペンは党員・支持者達に握手をしてまわる。握手を終えると、ルペン氏はブースを回り始めた。

支持者が近づくと相好を崩し、女性が相手だと時には両頬にキスをする。あるいは、キスを受ける。レストランのブースではテーブルにつき紙のお皿に盛られたパンやチーズを美味しそうに頬張る。サインを求められると気軽に応じる。話しかけられると邪険にすることがなく必ず耳を貸し、支持者とテーブルにつき同じ目線で語り合う。写真を求められると一緒に収まる。親しみをこめて「ジャンマリー」とファーストネームで呼ばれることもある。初めて顔を合わせたのに、ファーストネームで呼びたくさせる親しみやすさが全身から漂っている。

支持者が氏のことを心から尊敬し慕う理由が分かった気がした。

◆祭典「青・白・赤」二日目にして最終日

一〇月九日、祭典「青・白・赤」二日目にして最終日。

一四時からブルノー＝ゴルニッシュ全国代理をゲストとするシンポジウムが開かれることになっていた。一四時二〇分ごろ会場に私はついた。

その日も雲一つない快晴で初夏のように暑い日だった。

フランスで取材するときは必ずと言っていいほどネクタイを締めていく。東洋系の顔をしているとセキュリティから不審がられることがあるので、彼／彼女らからなるべく警戒されないように格好だけは整ったものにしようとつとめている。フランス人ジャーナリストやカメラマンなんぞは、テレビのリポーターは別として、半袖シャツで来る人もおりずいぶんくだけているのだが……。

会場は前日にくらべて人の入りが多く、どこのテナントも賑わっている。ビニールの巨大テント内に特設されたシンポジウム会場につくと、三〇〇ほど用意されたパイプ椅子はすべて埋まっており立ち見も出るほどの盛況だ。ステージにはゴルニッシュ氏を真ん中にして五人のパネリストがソファーのように柔らかそうな椅子に座っている。通気口がないために人とライトの熱気で蒸し風呂状態になっており、カメラを構え写真を撮影すると額に汗が滲んでくる。ゴルニッシュ氏をファインダーの真ん中におさめて写真を何枚か撮ってから、すぐに会場を出た。外も涼しいわけではないのに、額がひんやりした。

一六時三〇分からジャンマリー＝ルペン党首の大演説が行われる予定になっているので、時間をつぶすべく会場をふらついていると、記者団に囲まれながら各テナントを視察し支持者と交流しているルペン党首と出くわした。私もそのあとをついていったのだが、視察も終盤だったようで一〇分ぐらいたつと外の空気を吸いに出ていってしまった。なおも追おうとおもったのだが、スーツに身を包みイヤホンをつけた警護《セキュリティ》の男性一〇人ばかりが立ちはだかり、それ以上の取材を拒む。きっと、演説にそなえてしばらくの休息をとるのだろう。

わたしはそのあと、「イラク子どもＳＯＳ」のテナントにいった。ルペン党首のワイフ・ジャニーさんが客をもてなしている。薄暗く蝋燭を光にしているテント内にはソファーがもうけられ、水タバコを吸っている人や、イラクのお茶を飲んでいる人がいる。受付には、ジャニーさんがイラクの子どもの窮状について書いた本が置かれている。

一六時を少し過ぎた頃に、演説が行われるステージに赴いた。でっかい舞台が用意され、三〇以上はある青や白のスポットライトが舞台を照らす。ステージの前には一五〇〇近くあるパイプ椅子が用意され、席の多くが埋まっていた。

◆ルペン党首の登場で会場は大興奮

まずは会場の後ろから、全体を撮影しようと思った。高いところから撮影したいので、白い

中央最前列に陣取る「国民戦線」のお歴々。右から、マルティーヌ＝レイデュー副党首、ゴルニッシュ全国代理、マリーヌ＝ルペン。レイデュー副党首は、1992年からイルド・フランス地方圏議会議員を務めている。

椅子をひとつ拝借して、その上に立ち何枚か撮った。そして、最前列に行くと、ステージに向かって左側には、退役軍人の一団が旗をもって座っている。中央の最前列にはすでにジャニー夫人とその娘マリーヌ＝ルペン欧州議会議員、マルティーヌ＝レイデュー（Martine Lehideux）女性副党首の顔があった。しばらくするとゴルニッシュ欧州議会議員がやってきた。ジャニー夫人から両頬にキスを受けた後マリーヌ氏の隣に座る。

　国民戦線の大集会では必ず司会をつとめる若手幹部、マルティアル＝ビルド(*1)氏が叫んだら、オーケストラの音楽がかけられ、大きな青・白・赤の三色旗を持ち白いおそろいのTシャツを着た一〇代・二〇代の男女・五〇名近くがステージ上に並ぶ。会場も立ち上がり、三色旗をふる。フランス国旗がゆっくりなびき揺れる。サッカーのサポーターのように赤色と青色と白色のマーカーを顔にひいた男女が多い。ステージの前にいくと、みんな緊張した面もちで旗を持っている。

＊1　ビルド（Martial Bild）――一九六一年一一月一二日生まれ。一九歳の時に国民戦線・青年部に入党。青年活動家として活躍した後、一九九二年よりイルド・フランス地方圏議会議員を務めている。国民戦線の月刊誌『Français d'Abord』（「何よりもフランス」）編集長。

旗を持った若者たちが退場して、ビルド司会者のアジテーションのあと、ルペン党首の入場が宣言された。会場にオーケストラのミュージックが仰々しく鳴り響く。聴衆は立ち上がり後ろを振り向き、拍手をしながらルペン・コールを上げる。ジャニー夫人もマリーヌ氏も笑顔で一所懸命拍手する。ブルーのスポットライトがくるくるまわる。プロレスラーが入場するようなけばけばしさだ。

ジャニー夫人

スーツ姿の警備員に囲まれたルペン党首は笑顔全快でゆっくりと歩きステージ上にあがると両手をふりあげ、ガッツポーズをとった。「ウォーーー」という聴衆の絶叫と党員・支持者の党首コールが会場に響き渡る。興奮のあまり卒倒する人が出るのではないか……と心配になるぐらいの盛り上がりだ。ステージを端から端まで歩き聴衆の声援に応え、プラステイックでできた透明な演台の前に立った。おもむろに原稿を置く。ステージの両脇には、巨大スクリーンがとりつけられ、党首の顔をアップにする。ライトグレーのスーツにライトグリーンのネクタイだ。

聴衆が静まるとルペン党首の演説が始まった。

◆国歌斉唱後にガッツポーズ

演説では具体的に政敵の名前があげられる。そのたびにブーイングが起き、ユーモアを交えると笑いが起きる。力強い言葉を発すると拍手とともにルペン・コールが起こる。ギャグが受けるとルペンはにんまり笑う。

演説する姿を写真におさめようと思うのだが、九〇%ぐらいの時間はずっと原稿に目をやり、顔をあげない。顔をあげてもすぐに下を向いてしまう。ルペン党首は左目に義眼を入れている上、そのとき七七歳という高齢だから、原稿を放して演説するのは困難なことなのかもしれない。しかしながら、ダミ声でまくし立てる演説の迫力は少しも衰えない。間の取り方といい、ときおり手を高くふりあげると動作といい、聴衆を飽きさせない技術を未だに保持し得ている。

演説の開始から一時間ぐらい立ち、政敵の名をひとりひとりあげ、批判をくわえていく。政敵の名が上がると会場ではブーイングが起きる。

演説の時間がきたのだろうか、スタッフがステージ下から「あと五分」「あと三分」「終了」というプラカードを出すのだが、党首はまったく見ない。見えないのか、無視しているのか分から

ガッツポーズのルペン

ない。スタッフも諦めて席に戻ってしまった。
演説の最後になったら、ルペン党首は顔を上げ原稿から目を離し、演台を離れ歩き出した。そして、両手を振り上げ、絶叫し演説を締めくくった。カメラマンがステージ真下に集結し、フラッシュがたかれる。ルペン党首の真ん前という最もいい場所に陣取って写真をとっていたら、フランス人のカメラマンが「もう十分撮っただろう。俺とかわってくれ」という。なんつー厚かましいやっちゃ。ステージには幹部やジャニー夫人などが並び、ルペン氏が国歌を歌い始めるとみんなそれにあわせて合唱を始めた。
国歌が終わると両腕を上げ、満面の笑みで、得意のガッツポーズを決めた。

◆ルペン人気は田中角栄に通じる

ジャンマリー＝ルペン「国民戦線」党首が話す集会に参加するたびに、党首に対する支持者の熱狂ぶりに圧倒される。

これまでにも数多くのフランス政治家の集会・大会に参加してきたけれど、ルペン氏より支持者を熱狂させる政治家を見たことがない。熱狂させる理由は幾つかあるだろう。

まず、話が実に上手い。煽動的な文句やユーモアを散りばめながら語られる言葉はルペン氏にとって最大の武器だ。聴衆を飽きさせないし、空虚な文言が並べられるのでなく、中身も充実している。ルペン党首が右手を振り上げ絶叫調になると、支持者は掌が痛むのではないかと思えるぐらいに激しく強く拍手をする。「フレー、フレー、プレジダン」とコールが起きると、それがやむまで間をおく。さすが「国民戦線」を三〇年以上ひきいていることだけはある、間の取り方も声の張り上げ方も熟知している。

次に支持者に対して、実に親しげに振る舞う。「偉大な父」のように振る舞いながら、一方で「気さくな父」も演じる。支持者から求められ写真におさまるとき相好を崩して笑う。支持者が話しかけると、満面の笑みで接して耳を傾ける。女性から両頬にキスを受けることもあるし、女性の頬に軽くキスをすることもある。偉大な党首様から二〇代の女性が頬にキスを受けたら、感激のあまりだろう呆然と立ちつくしていた女性を私は見た。「青・白・赤」ではテーブルについて、食事を共にしながら同じ目線で支持者と語ることもあった。ルペン党首と以前撮った写真を党首に見せた男性がいる。

ルペン氏は「これはどこでとったんだっけ？」と尋ねた。

男性はいつどこで撮ったものかをルペンに説明したあと、隣にいた知人に「これはどこでとったんだっけ？」という党首の返答を真似してみせて大いに喜んだ。いつも仏頂面をしているような感があった岡田克也・民主党元党首とはずいぶんな違いだ。

ルペン党首の娘で後継者と目されるマリーヌ＝ルペン副党首はバーのテナントに立って、自ら生ビールをコップに注ぎ、支持者に振る舞った。そして、カウンターに腰掛けた人々と会話を楽しんだ。ルペン・ファミリーの人心掌握術は田中角栄に通ずるものがあろう。

最後にルペン氏が聴衆を熱狂させる最大の要因は、ルペン党首と国民戦線が長年弾圧されてきた受難の歴史にあろう。弾圧されればされるほど、紐帯の気持ちは強まるというのは宗教と同じだ。国民戦線はつねに政治の主流勢力とメディアから厳しい批判を受け続け、為政者から弾圧されてきた。支持者にとってルペン党首はさながらイエス＝キリストといったところか。

ルペン氏は近年国民戦線を「弱者の味方」「労働者の政党」ということが多い。「移民排斥」が政策の柱であるから「青・白・赤」の会場で中東系・黒人・東洋人の顔を見つけることはまず難しい。しかしながら、高齢者は多く、車椅子に乗った男女を見かけることもしばしばあった。失業者にもっとも支持されている政党が国民戦線である。与党・国民運動連合（UMP）の集会は裕福と思われるような格好をした人が多いが、国民戦線の集会にくる人はくだけた格好をしている人が多い。彼ら／彼女らがルペン氏の受難に心を痛め、キリストのように崇敬していることは間違いあるまい。

5　ナンバー2、ゴルニッシュと語る

ルペン党首の演説が終わったあと、私は会場をまた散策し始めた。すると幸運なことに、ルペン党首にまた遭遇した。党首はイカツイ警護の男に囲まれながら会場の外に出て、駐車場の外に

とめてあるキャンピング・カーのようなものに向かっていく。アイドルをおっかけるように支持者がそれを追う。警備は「こっちに来ないで、会場に戻れ」と指示する。「ジャンマリーに会えないじゃない!?」と怒りの声があがる。「大丈夫、党首様は会場にあとで行くから」といって警備の人々は理解を求めた。みな、あきらめ、戻っていった。

会場をぶらついていると、国民戦線ナンバー２のブルノー＝ゴルニッシュ全国代理＆欧州議会議員と遭遇した。

「ええと、国籍はどちらでしたっけ？」

私のところに近づくなり、彼はフランス語で尋ねた。

日本語で「日本ですよ」と答えると、「どこに記事を書いているんですか。新聞ですか」とゴルニッシュが日本語で尋ねる。

「雑誌に書いたり、インターネット新聞に書いたりしています。」

「そうですか。こんどぜひ、うちの本部に遊びに来てください。もし、時間があるならば一緒に会場を回りましょう。」

ゴルニッシュ氏はカトリック系ロビーから出てきた人で、信仰心が厚く真面目な性格だ。彼は二年に一回日本を訪れているという。欧州議会議員の一部は日本との交流のため、二年に一度外務省の招待で日本に来るのだという。

◆日本語ペラペラで日本好きの極右幹部

なぜ、国民戦線は人気を得るのか。

私なりに調べるために、五月下旬にパリ市内で国民戦線が主催した欧州憲法・反対の集会（もちろん弁士はルペン党首）やルペン党首の記者会見にも参加した。

さて、東洋人顔の私がフランス人記者に混じって何度も国民戦線の集会・記者会見に通うものだから、同党スタッフからは顔を覚えられ、何人かとは気楽に話せる関係になった。

特に頻繁に会い話す機会が多かったのは、国民戦線ナンバー２のブルノー＝ゴルニッシュ全国代理である。

ゴルニッシュ氏は異色の経歴を持っている。

フランス国立東洋言語文化学院で一九七一年、日本語の学士をゴルニッシュ氏はとった。その頃、外交官を志していたゴルニッシュ氏は異国の国・日本に憧れ留学する決断をする。一年半の間、京都大学で留学生として主に法哲学を学んだ。直接インタビューする機会があったので詳しい話を聞いたのだが、三畳一間のボロアパートに住まい、貧しい生活を送ったという。トイレは共同便所で風呂はついているわけもなく、毎夜、銭湯に通ったんだそうだ。白人学生が日本人に混じって京都の銭湯に通うなど、きっとずいぶん目立ったことだろう。

ゴルニッシュ氏は、フランス人の個人主義と違い、日本人は集団の和を重んじる、そういう文化が好きだといった。新入生を迎える時のコンパ、追い出しコンパ、日本独特の大学文化が何もかも新鮮で、充実した留学生活を送れたそうだ。日本文化にたいする造詣は深く、日本語で読んだのかフランス語で読んだのか分からないけれど、三島由紀夫、川端康成、芥川龍之介や、源氏物語、平家物語、万葉集を好んで読んだという。

ゴルニッシュ氏は大学の教官でもあり（現在停職中）、日本文化論をフランス人学生に教える。いわば、政治家であると同時に日本文化の専門家でもあるわけだ。どの論文だったか覚えていないのだが、氏の論文を読んでいたら、アイヌ文化に言及している箇所があり、日本の文化的マイノリティも知っているのかと感心させられた。

ちなみに、ゴルニッシュ氏の妻は日本人である。

留学先で知り合ったのかと思ったら、妻がフランスに留学したときに知り合い、恋愛関係になり、その後、ゴルニッシュ氏が日本に留学し、それからフランスに戻り結婚したという話だ。

◆「国民戦線が人種差別主義ならば、日本人も人種差別主義者」

ゴルニッシュ氏と日本人のオツレアイとの間には子どもが三人いて、たしか長男といっていたと思うが、彼は軍人になっているそうだ。

ゴルニッシュ氏は大の日本好きで、日本人ジャーナリストからの取材依頼であれば、ほとんど受けるそうだ。彼はしばしば、記者に次のような問いかけをするという。

「日本のように移民が自由に出入りできないようにすることが私たちの目標であり、目的です。もし、私たちが人種差別主義だというならば、日本人は人種差別主義者ということになりますよ。」

私は二〇〇二年五月に暗殺された同性愛者のオランダ政治家・ピム＝フォルタインの追悼イベ

ントを取材したことがある。

集会に参加したオランダ人から、「日本に毎年入ってくる外国人の数は欧州諸国に比べて極端に少ないそうじゃないか。オランダはもう、移民を受け入れすぎている。日本みたいに外国人の入国管理を厳しくしなきゃダメだ」といわれた。

私は外国人としてフランスで生活し、彼らから発せられた問いが常に頭の中にあった。自分は自由・平等・博愛の国・フランスで留学生として自由な生活を送っている。しかし、フランスに

暗殺されたピム＝フォルタイン（Pim Fortuyn）。1948年2月19日生まれ。オランダの政治家で2002年5月初旬に行われる下院選挙にあわせて、2月11日にピム・フォルタイン党を結成。同性愛者であることを公言している同氏はイスラム教を「遅れた文化」だと指摘し、これ以上の移民流入を制限すべきだと主張した。「極右」「ポピュリスト」と評価されたフォルタインは2002年5月6日、国営ラジオ局の青少年向け番組の出演を終えて駐車場に出てきたところを、動物愛護活動の運動家の手によって頭や胸など6カ所を撃たれ即死した。ピム・フォルタイン党は党首暗殺の同情票もあり、5月中旬の選挙で150議席中26議席を獲得し、第2党になった。

くらべて、はたして日本は外国人にとって住みやすい国だろうか。あるいは、そもそも外国人を十分に受け入れているのだろうか。移民排斥の模範とされる国から留学生として海外生活をおくる自分に少しの負い目を感じざるを得なかった。

◆ナンバー2が語るイラク戦争・アメリカ

ゴルニッシュ氏は国民戦線きっての理論家である。極右がどういう考えを持つ人々なのか理解するには彼の話を聞くのが一番分かりやすい（聞き手、及川健二）。

――アメリカ合衆国では、遅きに失しながらもブッシュ政権に対する批判が高まっています。現政権をどのように評価しますか。

ゴルニッシュ　わたしは内政と外政を分けて考えています。家族制度・労働・愛国心・個人努力といった伝統的な価値観を守っている。その点はアメリカ社会にとってより好ましいことだといえるでしょう。しかし、外政を見るとどうか。我々が悪しきシステムだと考える社会主義の国家・ソビエト連邦が消えて以来、アメリカのみが超大国になってしまった。もはや彼らには限界がなくなっている。ある種の新しい帝国主義になっていることは御承知の通りです。そして、アメリカ流の生活を世界に押し広げようという自惚《うぬぼ》れにとらわれています。アメリカは自分たちの政治制度が世界で一番いいと思っています。あの制度にはいい点も悪い点もあるのにもかかわらず、です。わたしはフランス人として国の独立・主権を守りたい、国の古い伝統・歴史・文化を守りたい。アメリカ流の制度を押しつけられたくない。だから、グローバリズムに反対をします。

――イラク戦争に強く反対しましたね。その理由を教えてください。

ゴルニッシュ　もちろん、イラクは長い間、サダム＝フセイン大統領を頂点とする独裁体制でした。しかし、政治的機構は政教分離をつらぬいていました。そして、バース党はアラブ主義者でした。女性の社会進出は他のアラブ諸国にくらべてはるかに進み、キリスト教徒が信仰を持つ権利も認められていました。しかし、いまの国の状況はどうですか。崩壊的状況であり、内戦状態です。

もしある国が一〇〇％民主主義でないという理由で戦争ができるのであれば、世界中で戦争ができてしまう。アメリカ自身、一〇〇％民主主義ではありません。共和党・民主党以外の政党は事実上、政治に参加できません。ブッシュ大統領がはじめて当選したときは、フロリダ州の混乱が世界的に報じられましたが投票の不正があって誕生したわけです。

また、この戦争はひじょうに不公平でした。強い方のみが弱い方を攻撃する権利を持つ。弱い方は強い方に攻撃できない。弱肉強食の状態は、国際の安全保障・秩序にとって危険です。

また、最終的に分かったわけですが、大量破壊兵器はありませんでしたね。米国・英国政府はウソをついていたわけです。私たちのイラク戦争反対論に、疑義を挟む人はいまは少ないのではないでしょうか。

▼「イラク内での自爆攻撃はレジスタンスだ」

――イラクで自爆攻撃が続いています。これはレジスタンスであるのか、テロリズムであるのか。どちらでしょうか。

ゴルニッシュ　アメリカがイラクを侵略したわけですから、アメリカ軍への攻撃はレジスタンスとして見なすべきでしょう。ただ、キリスト教徒として残念に思います。とくにキリスト教による数世紀の努力により、戦争をとめることはできないにせよ、戦争のときに戦闘員と非戦闘員を分けて考えるという考え方が出てきました。これは文明の大切な進歩です。そしてたとえ軍人だとしても、捕虜になった場合は殺さないようにするというルールもできました。若い中尉という軍人として第一次世界大戦に参加した叔父はドイツ軍との戦闘で片目を被弾し失明しました。

ブルーノ＝ゴルニッシュ欧州議会議員＆「国民戦線」全国代理。1950年1月28日、パリ郊外の都市ニュイイーシュルセーヌ生まれ。フランス国立東洋言語文化学院で日本語を専攻した後に、京都大学に留学。妻は日本人。1981年から2005年までリヨン第3大学で日本語・日本文化の教授を務める。1994年に「国民戦線」副党首に、96年には同党・全国書記に選出される。1989年から欧州議会議員を務めている。ジャンマリー＝ルペン「国民戦線」党首の右腕、同党きっての理論家として知られている。

そして、ドイツ軍の捕虜となりました。ドイツ軍は叔父に外科手術を施し、病院に運ばれました。その結果、戦争で命を落とさずにすみました。

残念ながら、第二次世界大戦から市民と軍人が区別されなくなってきた。ドイツは一般市民も強制収容所へと送りましたね。フランスのレジスタンスでは、フランスの市民が軍服を着ずにドイツ兵と抵抗を続け、ドイツ兵を殺すこともありました。ドイツの軍人もフランス市民を逮捕して殺すということをしました。私はこれを文明の後退だと思っています。わたしは軍人への攻撃であれば、それはテロリズムではなくレジスタンスだと認識しています。留意しなければならないのは、ドイツは当時、フランスのレジスタンスをテロリズムと呼んでいたのです。イラクの自爆攻撃を単にテロとかたづけていいのでしょうか。

▼「ゲイ・パレードは認められない」

――同性愛者の権利について伺います。同性カップルも異性カップルと同様、締結できるパートナーシップ制度・パクス（ＰＡＣＳ）[＊1]にゴルニッシュさんは反対しましたね。その理由を教えていただけますか。

＊1　ＰＡＣＳ――「Pacte Civil de Solidarité」の略称であり、日本語では「連帯民事契約」とか「連帯市民契約」、「連帯市民協約」と訳される。パクスは「異性または同性の成年者二人が、共同生活をするために結ぶ契約」と定義づけられる。結婚とパクスの最大の違いは、結婚が異性カップルのみに開かれ同性カップルが排除されているのに対し、パクスは同性カップルにも異性カップルにも開かれているという点にある。また、パクスはどちらかが解消したいと申し出れば解消可能だ。実婚（内縁）と結婚の中間にある緩い形での

準結婚制度といえる。

ゴルニッシュ　わたしは個人の自由は認めます。大人と大人の間の関係、つまり個人の領域内に国家が介入するものではない。個人の領域での行動は一〇〇％、（他人を傷つけない限り）自由が認められます。しかし、国家は結婚制度を維持する必要がある。なぜならば、結婚は家族の根幹をなすものだからです。子どもをつくることは、社会の継続につながります。これまで引き継いできた遺産を引き継ぐ行為であります。悪い父も悪い母もいますが、一般としては子どもにとって一番良い教育環境は母と父が仲睦まじくしていることです。家族を保護するのは国家の責任であります。

パクスはとても弱い契約です。パクスは結婚と異なり、どちらか一方がパクスの解消を希望すれば解消できてしまう。たとえば、もしわたしが誰かとパクスしていて離れたいといえば、パクスは解消することができるわけです。回教徒の結婚にそれは似ていますね。回教徒の結婚関係では「離縁」という言葉がつかわれます。それは「離婚」とは異なります。伝統的な回教徒の制度ですと、夫が一方的に妻と離縁することができる。パクスはそれに近い。一方的であり、双務的ではない。だから、パクス制度は安定的ではありませんし、生命を受け継いでいくという目的ではありませんし、社会の継続に寄与するものではありません。

わたしは同性愛者であることは自由であるし、誰かから同性愛者であると告げられたとしても何の問題も感じません。しかし、わたしは同性愛を促進（プロモーション）するような行為を好みません。たとえば、ゲイ・プライドなどが宣伝の場として使われているわけです。これは社会の継続にとって危険です。すべての人々が同性愛者であるならば、社会は滅んでしまいます。

◆湾岸戦争、イラク戦争、コソボ空爆に反対した国民戦線

ゴルニッシュ氏のインタビューを御覧になって、極右政治家の発する言葉とは思えないと、違和感を抱いた方がいるかもしれない。

極右というと戦争万々歳！だと思われる方も多いだろう。

しかし、事実は逆だ。

国民戦線は社会党が賛成した第一次イラク戦争（湾岸戦争）にも、第二次イラク戦争にも反対し、湾岸戦争においてはルペン党首がイラクに乗り込みサダム＝フセイン大統領と交渉し、拘束されていたヨーロッパ諸国民の人質解放にこぎ着けた。同党はイラクとの交流が深かく、イラク経済封鎖により子ども達が一〇〇万人以上餓死させられていく現状を「テロ」と非難した。ユーゴ紛争の時には、左翼政党の中ですら空爆賛成派が多かったのに、ユーゴ空爆にルペン率いる国民戦線は反対する論陣を張った。

さらに、国民戦線が中心となって立ち上げられた「イラクの子どもＳＯＳ」（ジャニー＝ルペン夫人が代表）は一〇年以上、医薬品や食糧が不足するイラクの子ども達を救うべく活動してきた。イラクで不足する医療品・食料を提供しに国民戦線のメンバーはイラクに何度も赴いている。フセイン政権が崩壊してからはヨルダンのイラク人難民キャンプに生活必需品を届けている。

6 ルペン氏の大邸宅にて

国民戦線が支持される理由は、同党の集会を取材し、幹部にインタビューし、国民戦線・本部に何度も足を運び、分かりかけてはきた。しかし、私なりの最終的な回答を得るためには、ルペン党首の話を実際に聞いてみる必要があろう。二〇〇五年一〇月に私はそう決断をし、インタビューを申し込んだ。すぐに、広報官から返答が来た。喜んでお受けする。そう書かれてあった。

インタビューの場所として指定されたのはルペン氏の邸宅、そして、時期は一一月半ば。取材が決まってから、質問する内容を何度も推敲し、取材日に臨んだ。

ルペン氏に取材する前々週からパリ郊外では移民二世・三世を中心とした暴動が連日連夜、つづいた。三〇年来、移民による社会崩壊の危機を煽りつづけてきたルペン氏は何と発言するのか。自分の予言が的中したではないかと自慢するのか、それとも別のことをいうのか。それまでルペン氏は公式な発言を慎んでいた。私は暴動に関するルペン氏の見解を伺うことのできる最初のジャーナリストかもしれない。そのことは記者魂をくすぐらせた。

ルペン氏の住宅はパリ西部郊外の小高い丘にある超高級住宅街にある。私は最寄り駅のプラットホームで通訳の知人と合流し、カフェに入り軽い打ち合わせをしてから、セーヌ川をまたぐ橋を渡り、ルペン氏の邸宅へと向かった。

小高い丘にあるため上り坂がけっこうキツイ。邸宅付近にたどり着いたのだが、その住宅街は城塞のように高い塀で囲まれ、一箇所の入り口からしか入れなくなっている。しかも、その入り口でパスワードを入力しなければならない。私たちは入り口に行き、事前に教えられていたパスワードを入力するのだが、入れない。運良く車が住宅街から出てくるところだったので、そのまま入った。城壁のような塀で囲まれた住宅街には豪邸が並ぶ。

ルペン氏の自宅と思しきところの前に運転手らしき黒スーツの男が立っているので、「ここはルペンさんの家ですか」と聞くと、「なぜそんなことを聞く」というので、「本日、インタビューすることになっている日本人ジャーナリストです」と自己紹介すると、インタフォーンを彼が押し、女性が出た。取材しに来た旨、伝えると扉が開き、家の中へ通された。一階の居間に通され、ふかふかのソファーにこしかけた。大きなガラスから光がたくさん入り、ゴールデンレトリバーが寝そべっている。家政婦や丁稚奉公のように働く若い男性が部屋を行き来する。

ルペン氏の書斎は二階にあるそうで、背広にネクタイ姿の広報局長がしばらく待っていてくださいという。窓から見えるきれいな庭園に私は見とれた。

「どうぞ来てください」

広報部長について行き、私たちは階段を上がる。廊下の右側に女性スタッフがパソコンに向かい働いているオフィスがあり、左にルペン氏の書斎があった。書斎に通されると、私たちは壁を背にしたソファーに二人座った。目の前に高級そうな肘掛け椅子が用意されている。そして、部屋の奥には高そうな机が用意されている。ルペン氏が仕事のときに、使うのだろう。

ＭＤの準備をしているとルペン氏が笑顔で入ってきた。

「ははは、迷わなかったかい？　はじめまして」といい、私と通訳と握手をした。

肘掛け椅子に座るなりルペン氏は「これは朝日新聞のインタビューだろう？」と尋ねてきた。

私は朝日新聞が発行する月刊誌『論座』のインタビューで訪れたため、そう聞かれたわけだ。朝日の月刊誌であり、フランスの雑誌でいえば『Le Nouvel Observateur』(*1)のような内容だと説明した。

ルペン氏の隣には広報部長が座り、彼らの方も録音機をまわしている。

「では、はじめましょうか」

ルペン氏に促され、私たちのインタビューは始まった。

＊1『Le Nouvel Observateur』――一九六四年に創刊された左派系硬派週刊誌。二〇〇五年時点で発行部数は五四万部。

7　郊外暴動と移民問題

ルペン氏の話で一番興味深く覚えたのは、インタビューの中で、彼が暴動に触れた箇所だ。ルペン氏は暴動参加者にある種の共感を覚えるといった。なぜならば、彼らには未来がなく、仕事にありつけるわけでもなく、テロリストか強盗になるしかないからだ……といった。そして、暴動に参加するような若者を社会の隅に追いやった政府にこそ非があると語った。

移民排斥を唱えるルペン氏は「移民」自体を攻撃しているように思っているフランス人がほとんどだ。しかし、表現を正確に読むと若干、違うことに気がつかされた。

彼は私とのインタビューで、移民が悪いのではなく、移民を入れる政府が、移民にとって魅力的な環境をつくっている政府が悪い……と明言した。政府こそが責められるべきだというのがルペン氏率いる国民戦線の立場だ。

◆フランスの歪みを反映したルペン人気

ルペン党首やゴルニッシュ氏とのインタビューを通し、そして極右に関する文献を読み進むにつれ、私はルペン人気というのはフランスの歪みを反映しているものだと確信するにいたった。たとえば、二〇〇五年の暴動とパリ郊外など移民系住民が密集して住む地域の問題はその典型だろう。日本でいう「郊外」とフランスでいう郊外《バンリュー》(banlieue) は意味が異なる。バンリューとは、劣悪な居住環境、荒廃した教育現場、治安の悪化、高い失業率、移民のゲットー化といった「郊外の社会的問題」を指す言葉として使われる。

パリ郊外のサンドニ市はフランス人が平日に歩くだけでも恐怖を覚える危険な地帯として認識されている。

暴動が起きて以降、フランスのテレビでは若者が火炎瓶を警察隊になげ、巨大ショッピングモールが燃やされるなどセンセーショナルな映像が連日放映された。それはまるで内戦のようだった。わたしは暴動当時、パリにいたものだから、警察隊と若者が衝突し、若者が車やバス、建物に火をつけていく暴動現場に取材に行こうかと思った。しかし、アジア系ジャーナリストが暴動に参加している若者に襲撃される事件が多発したので、行くことはとりやめた。

たしかに、パリの一部でも車が焼かれたけれど、暴動は波及しなかった。あるとき、凱旋門に郊外の若者が集まり蜂起する……という情報が流れ、警察官・機動隊が出動した。ニコラ＝サルコジ内相が厳戒下で視察するというパフォーマンスをやってのけたため、メディアも多数集結した。でも、大規模な暴動がパリで起こることはなかった。

移民問題に詳しい女性ジャーナリストは私に「けっきょく、郊外の若者って、自分の街でしか行動できないのよね。シャンゼリーゼ通りに行って暴れるっていう行動力はないのよ」といった。その通りかも知れない。私が絶望的な立場にフランスで置かれていたならば、一部特権階級の象徴であるシャンゼリーゼ通りにあるルイヴィトン本店を襲っていただろう。しかし、彼らは自らの街で蜂起し、貧しい街に暮らす人々の車に火をつけ、街の幼稚園、体育館、倉庫、公共施設を破壊し、商店を壊すなど、ただ自らの街を破壊しただけだった。

●「広がるフランス移民暴動　治安対策への反発背景に」（2005年11月11日付）

警官の職務質問を受けた一五歳と一七歳のアフリカ系少年二人が変電所に逃げ込み感電死した先月（二〇〇五年一〇月）二七日の事件に端を発し、移民の街として知られる現場のサンドニ県を中心に続いた若者の暴動はパリ市内にも及びフランス各地に飛び火している。同県は本年セザール映画祭で賞を総なめした映画『エスキーブ』（L'Esquive）[＊1] の舞台で、本作では警官による移民系若者への暴力も描かれている。

＊1『エスキーブ』――二〇〇四年一月にフランスで公開された映画。タイトルの意味は、（ボクシング・フェ

ンシングなどで）敵の攻撃から身をかわすこと、体をかわすこと。フランスのアカデミー賞といわれるセザール映画祭で、最優秀作品賞、脚本賞、最優秀新人女優賞、監督賞の四部門で受賞した。パリ郊外の貧困地区でアフリカ系移民が多く居住する高層団地群に住むアフリカ系移民二世のクリモ少年（一五歳）が、白人の同級生・リディアに恋をする話。映画で出てくる教室は、アフリカ系、黒人、東洋系の移民系生徒ばかりで白人はリディアのみ。学園祭で上演する演劇「愛と偶然の戯れ」の練習などがからみ、恋愛が進む。アブデラティフ＝クシシュ（Abdellatif Kechiche）監督はチュニジア出身で、映画に出てくる学生は現地に住む素人を採用した。低予算映画で大方の予想を裏切りセザール映画祭で賞を総なめした。

全面カラーの無料日刊紙『20 Minutes』（四日）はバスや車を燃やした反乱者に対するイン

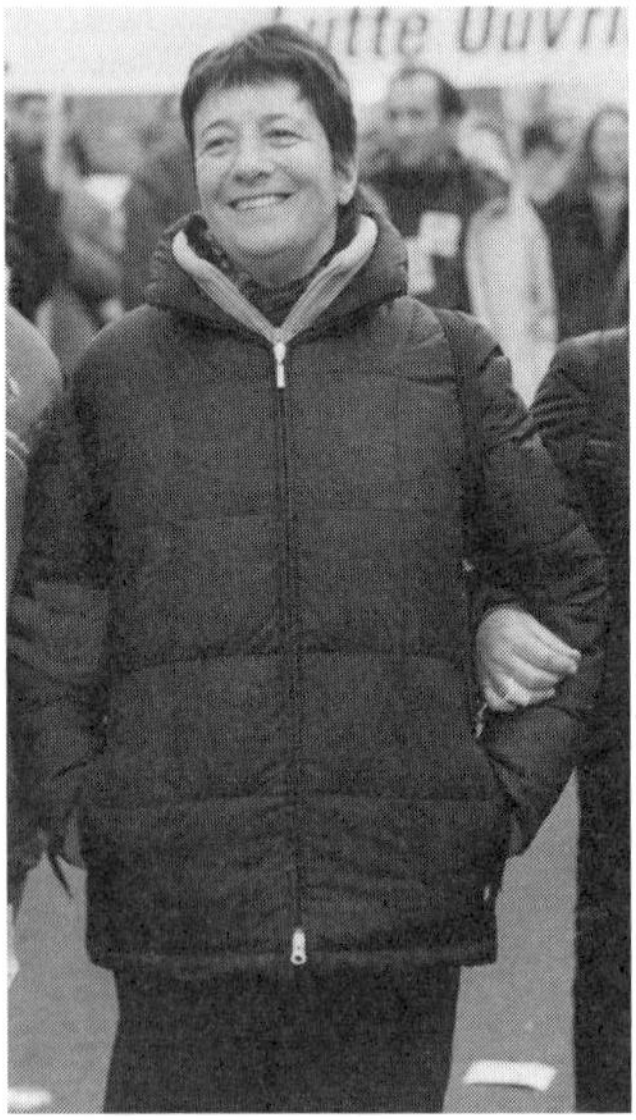

「労働者の闘い」党首のアルレット＝ラギエ（Arlette Laguiller）。1940年3月18日生まれ。16歳のときから定年退職する2000年まで、リヨネ銀行の受付で働く。1974年には当時、女性初の大統領候補として出馬し、以来、大統領選挙に毎回出馬し、2007年の大統領選挙には6回目の出馬を表明している。30年以上、大統領選挙に出てはメディアに登場するため、フランスでは知名度が抜群だ。ソフトな語り口と優しい微笑みが有権者を魅了し、95年の大統領選挙では5.3%、2002年の大統領選挙では5.72%の票を得て、選挙運動資金の公費助成を得るために必要な5%の得票を満たした。1999年から2004年まで欧州議会議員を務めた。

タビューを掲載。「社会のクズ」（racaille）と暴言を吐いた治安担当のニコラ＝サルコジ内相に対して「俺たちを犬扱いしてきた」と激しく指弾している。

内相が移民から憎まれる背景には、移民の規制強化を推進してフランス国民の人気を得てきた政治姿勢がある。今年（〇五年）に入り、アフリカ系移民が多く住むパリ市内の老朽建物で火災が発生する事件が相次ぎ計四八人が焼死した。内相がとった解決策は空きビルに住む移民の強制排除だ。今年（〇五年）九月には警官隊が突入し排斥するシーンがメディアで大々的に報じられた。

極左政党「労働者の闘い」（Lutte Ouvrière）のアルレット＝ラギエ党首は声明を発表し、「焼かれた車は億万長者や大臣のものではない。（貧しい）地区に住む労働者のものなのだ」と指摘、暴動の根本原因について「彼ら（移民）の将来は行き詰まり、希望を持てないものになっている」と述べ、移民の失業や住宅問題の解決を置き去りに治安対策を取り組んできた現政権を批判した。

（及川健二、『週刊金曜日』）


――一一月に入ると毎夜フランス全土で、数百台単位で車が焼き破壊され、その数はどんどん増えていき、一一月六日夜から七日朝にかけては、一四〇八台の車がフランス全土で一夜にして焼き壊された。これをピークにして破壊される車の数は減り、一一月一七日になると焼かれた車は九八台だった。事件発生から一一月二一日までに警察に捕まった人数は二九二一人になり、九〇七一台の車が破壊された（表2）。ラギエ氏がいうことは正しい。壊された車は一般の労働者

表2　2005年10月～11月の暴動

月　日	燃やされた車の数（台）	警察に捕まった人の数（人）
10月28日	23	
29日	29	14
30日	20	19
31日	18	
11月 1日	68	
2日	228	
3日	315	29
4日	519	78
5日	897	253
6日	1295	349
7日	1408	395
8日	1173	330
9日	617	280
10日	482	203
11日	463	201
12日	502	206
13日	374	212
14日	284	115
15日	215	71
16日	165	44
17日	98	33
総　計	9193	2921

のものだ。郊外暴動はつきつめれば、自爆的暴動だったといえよう。

◆郊外暴動はフランスの失政が原因だ

暴動がフランス社会に与えたインパクトはとても大きい。月に二回（一日と一五日）発行される主に在仏日本人を対象にした無料新聞『オヴニー』は「大都市郊外の青少年らの蜂起」と題してつぎのように述べる（『オヴニー Ovni』二〇〇五年一一月一日、五七八号）。

「（少年二人の）感電死事故は、その二日前にパリ郊外アルジャントゥイユ市を訪れたサルコジ内務相の豪語『ラカイユ（社会の屑）を閉め出す』が、そこで生まれ育ち、失業と人種差別を日常的に生きる若者やアフリカ・マグレブ系移民に蔑視の矢となり突き刺さった直後だった。」（『オヴニー』）

ニコラ＝サルコジ氏はパリ郊外を視察したときに若者に向けてフランス語で「On va vous débarrasser de cette racaille.」と言った。オヴニー記事では「閉め出す」と訳しているが、「débarrasser」は「邪魔なもの・散らかったものを片づける・捨てる」という意味を持つ。つまり、若者たちは「ゴミ」として「処分する」対象であることを、警察を統括する内務大臣が発言したのだ。「社会のクズ・ゴミ」を意味する「racaille」とは相手を挑発するときにつかわれる言葉である。〇五年一一月一〇日、テレビ局「France 2」に出演したサルコジ内相はさらに、暴動に参加する若者をさして「彼らは社会のクズ（racaille）だ、ゴロツキ（voyou）だ。私は確信を持っていえる」と開き直った。

「炎上する車や公共施設が内戦のように外国でも報じられた、郊外の青少年らによる暴動の鎮圧のためドヴィルパン首相は一〇月九日零時、非常事態を宣言し、アルジェリア戦争中、一九五五年に制定された夜間外出禁止令を若者らの破壊行動の激しい県に対し発令(国民の七三%が賛成)。さらに首相は義務教育（一六歳まで）についていけない生徒は一四歳から職業見習につけるようにし、ラファラン(*1)前内閣が廃止した、住民との関係を密にする『地元の巡査』や、各種アソシエーションへの経済的援助を再開し、左派ジョスパン元政権が布いた郊外への旧対策を復活させる。」

(『オヴニー』)

＊1 ラファラン(Jean-Pierre Raffarin)――一九四八年八月三日生まれ。二〇〇二年五月七日から〇五年五月三一日まで首相を務める。

ドミニク＝ドヴィルパン(Dominique De Villepin)首相は外務大臣の時に、イラク戦争に真っ向から反対し、開戦を急ぐ米英両国に国連の場で自制を促す格調の高い演説を行い、戦争に反対する世界中の市民やフランス国民から拍手喝采を浴びた人物である。サルコジ氏とは対照的に、パリ郊外の若者を首相官邸に招いたり、感電死した少年の遺族と面会したり(サルコジ内相も面会しようとしたが遺族から断られた)、暴動の中心となっている郊外の社会的援助を表明したりと、力による抑圧だけではなく対話の姿勢をとった。暴言を連発するサルコジ内相とは対照的に、冷静沈着な対応に終始した。

地元の巡査という制度は、その地域で警官を採用し、警官として働かせるというシステムだった。リオネル＝ジョスパン左翼連立政権が導入したパリ郊外の援助は、シラク大統領が再選してから組閣されたラファラン内閣によって切り捨てられた。後任のドヴィルパン内閣は暴動を受け、援助を再び復活することにした。

◆親の六割がフランス語を話せない

「五〇年代にパリ北郊外に広がった工業地帯の労働者団地に、六〇年代にアルジェリアからの引揚げ者やマグレブ移民が移住。パリ近郊クルヌーヴ市の〈シテ4000〉(四〇〇〇所帯収容の団地）のような高層団地群が郊外に林立していく。七〇年代石油危機を境に工業地帯が廃れ、元労働者階級も団地を去っていく。八〇年代に移民の家族合流が許可されマグレブ・アフリカ諸国から妻子や多妻家族たちも移住。親たちの六割はフランス語を話さず、四、五人の子供を抱え家族手当だけで暮らす母子家庭が今日三分の一を占め、郊外団地シテの貧困化、〈ゲットー化〉が進んでいく。」（『オヴニー』）

マグレブ（チュニジア・アルジェリア・モロッコ）移民が重宝されたのは、旧植民地だったこれらの国の移民はフランス語がつかえる上、労働力が安かったからである。そして、大量に受け入れるために高層団地が一気に建てられ、移民労働者はそこにつめこまれた。初めはフランス人も住んでいたが、一軒家やフランス人の多い地域を求め、団地を去っていく。その結果、移民の比率は増え、フランス共和国の都市というより、別のルールが支配する移民の団地となる。移民労働者だけだったらまだ、ことは深刻ではなかった。家族呼び寄せによって、フランス語を話せない女性たちが妻としてフランスに連れられてきた。そして、彼らは子どもを多く産んだ。フランス語を話せない母親が四、五人の子どもを育てる状況を想像して欲しい。教育レベルはけっして高いとはいえないだろう。母子家庭や大家族のため、貧しい生活を強いられるなど貧困もこの地域を覆っている。

「大卒者でも、書類選考時にアラブ系氏名や移民家族の多い地域居住者、ブラックということから、白色フランス人応募者より就職が数倍難しくなる。放火行動に出た若者たちの三〇〜四〇％は失業者なのだ。彼らを、ドラッグのディーラーかイスラム原理主義者の卵としてしかみないサルコジ内相に対する青少年らの絶望的蜂起ともとれよう。

英国式多民族コミュナリズムを排し、三〇年来、仏政府が進めてきた移民同化政策が失敗しウミが噴出。仏サッカーチームが誇る〈Black, Blanc, Beur（arabe の逆綴り）〉の三色がフランス社会に均等に浸透するようになるにはかなりの時間がかかりそう。」（『オヴニー』）

フランスは「普遍主義」を国是と掲げる。フランス人である以上は皆、平等であると説く。「何系フランス人」など存在せず、すべてのフランス人が同じで、それがフランスの「普遍主義」という建前だった。政府は「出身国を問わず、すべてのフランス人は平等だ」という。シラク大統領は暴動が激化したとき、暴動に参加するような若者も「共和国の子どもたち」であることと強調した。しかし、実際には就職に際してはアラブ系だから、肌の色が黒いからという理由で不利な状況に置かれる。普遍主義は机上の空論になっており、社会には根付いていないのだ。理想と現実との乖離が暴動で明らかになった。

パリ郊外に住む若者の環境は、失業率が三〇～四〇％という数値からも分かるように絶望的なものだ。極右のルペン党首ですら「彼らには強盗になるかテロリストになるぐらいしか人生の選択がない」と発言した。

暴動が鎮静してからパリ北東部の郊外に初めて行った時、パリとのあまりの違いに驚かされた。一〇階以上の高層団地群がずらりと並び、行けども団地しか見えてこない。『オヴニー』が団地群の歴史的背景を説明しているように、その一帯は低賃金の労働者を大量に詰め込むために建てられた団地によって地域が形成されている。パリ市内のような西欧的・文化的な雰囲気はそこには微塵もない。

一二月上旬、一〇年来の知り合いの保坂展人・衆院議員（社民党）がフランスに来た折、パリ郊外を案内した。ハイウェイを降りたところに、ルノーの販売所があった。事務所の窓ガラスは割られ、中には火がつけられたあとがあり、真っ黒になっている。焦げ臭い匂いが近くに行くと漂ってくる。暴動の激しさを物語る場所だった。

パリ郊外に暮らすのは低賃金労働者や、移民と移民二世・三世、フランス語を話すことのできない親に育てられた人たちだ。

郊外の団地群はフランスから見放された地域になった。

恵まれない環境で育った人々は社会や政治にたいする憎悪を強くしていったことだろう。

パリ郊外を中心にして起きた暴動は積年の憎悪が爆発したものだといえる。

◆ルペンの予言的中？

二〇〇五年秋の暴動時、国民戦線のもとには入党希望者が殺到したという。

極右はフランスの失政を栄養にして育つ生き物なのだ。フランスがどん詰まりになればなるほど、増長していく。

一一月一四日（月曜日）の夜、暴動が激化していっこうに沈静化しない中で、ルーヴル美術館前のパレロワイヤル広場で国民戦線は緊急集会を開いた。二〇以上のスポットライトが備え付けられた特設ステージのまわりには、鉄の柵が設けられ市民は近寄れないようにされている。記者

緊急集会で演説するルペン党首

証を国民戦線・職員に見せると、柵の中に入ることができ、私はステージの下に立った。ステージ上には国民戦線の幹部が勢揃いし並ぶ。ルペン党首が現れると、支持者から一斉に拍手が起きた。

四〇分以上の演説を熱心に聞き入る支持者。集会が終わり、支持者の声を聞こうと柵の外に出ると、老齢の女性に話をきくことができた。

「ご覧なさいよ、いまの暴動を。ルペン党首はこういう結果になるって三〇年前からいってきたのよ。ルペン党首がいってきたことが正しかったんじゃない。」

興奮気味に彼女はまくし立てた。

国民戦線が支持される理由は他には治安に対する不安がある。死刑制度を廃止しているフランスで、国民戦線は治安回復の一貫として、死刑制度を復活せよ！という。小児性愛を犯した者・強姦魔・子どもを殺した犯罪者に対しては死刑で臨むべきだと政策提言している。治安に不安を抱く人は、過激とも思える国民戦線の主張に飛びつくことだろう。

治安悪化と移民問題。これはフランスが抱える暗部である。その暗部を除去する救国の士として国民戦線は長く支持されてきた。そして、いま人気が上昇している。

二〇〇六年七月一二日にフランスの世論調査機関・IPSOSが発表した世論調査によると、

ルペン党首の支持率は二六％を記録し、二〇〇二年の大統領選で獲得した一六％を大幅に上回った。

二〇〇五年一〇月の支持率は八％だったが、二〇〇五年の秋にフランス各地で暴動が起きてから支持率は、二〇〇六年二月一二％、三月一三％、四月一四％と上昇してきた。

いま、多くのフランス人が内心で思っている。「ルペン氏は正しかったのか？」と。

ルペン氏は三〇年前から危機を煽った。移民を野放図に流入させれば、社会的危機が訪れるだろう、と。移民による暴動が起き、予言が的中したかのように見える。

高齢のルペン氏の政治生命はもうあとわずかだろう。高い支持率は蝋燭が燃え尽きる前に激しく燃え上がる現象に似ている。だが、ルペン氏が政界を引退したとしても、彼の思想は後継者に引き継がれ支持されていくだろう。ルペン氏の退場は極右の退場を意味しない。(＊1)

＊1　極右とその台頭の背景についてより知りたい人には、佐賀大学の畑山敏夫教授が記した『フランス極右の新展開――ナショナル・ポピュリズムと新右翼』（国際書院）を薦めたい。畑山教授は一九九八年から二〇〇一年まで『佐賀大学経済論集』（佐賀大学経済学会）で「世紀末のフランス極右――ルペンの見果てぬ夢」という論文を四回に分けて発表しているので、さらに知りたい人はそれを読むといいだろう。

第2章 暴動事件の非は政府に――ルペン・インタビュー

二〇〇五年一一月一〇日、ルペン氏邸宅にて。聞き手・及川健二

第一章でふれた二〇〇五年一一月一〇日のルペン氏に対しておこなったインタビューの全文をここでは紹介したい。

◆「暴動に参加した若者にある種、共感を持っている」

――このインタビューでは、日本とフランスの右翼の違いを洗い出してみたいと思っています。インタビューを申し込んだのは、フランスの暴動が起こる前でした。本題に入る前にお尋ねします。厳しい移民規制・犯罪対策で名を馳せたニコラ＝サルコジ内相が暴動に参加する若者を「社会のクズ」「ゴロツキ」と罵り、彼らが住む町を「一掃・浄化する」と発言し物議を醸しましたね。メディアではルペン党首の御発言はあまり取り上げられていないので、いま何を考えているのか率直に伺いたい。

ルペン サルコジ氏が強いのは「舌」だけです。郊外に住み暴動に参加した若者に対して、私

はある種、共感のようなものを覚えています。自分たちの将来はどのようなものになるか彼らが思いをめぐらせるとき、労働者や会社員になり、そのあと管理職になれると考えることがはたして合理的でしょうか。彼らには、強盗やテロリストになることしか残されていない。何も彼らに非があるわけではない。暴動に参加した若者数千人を社会の枠外に置くことを許してきた政府に非があります。

――日本でイメージされる極右というと弱小の諸団体で、フランスとは事情がまったく異なります。国民戦線はフランス国民から大統領選挙などでコンスタントに一五％前後の支持を受けていますね。

ジャンマリー＝ルペン

ルペン　国民戦線に敵対する側が我々を指して使う「極右」という言葉を正当な表現だとは考えていません。その表現が、「極端」と言う形容を許すからです。極右というのは、元々議会での配置関係で使われる表現です。フランス国民世論からの支持という点で見れば、六番目に位置するグループであるにもかかわらず、我々はそれに相応した代表を国民議会に持たない。一議席も有しないのです。これは敵対側が意図的に選挙制度を歪め〔フランスは小選挙区制〕、我々を議会から排除する中で、メディアへの出演、発言頻度、首相が召集する協議会への参加を制約するものとなっています。我々はのけ者にされ、政治的に無法者・不法滞在者扱いされている。

◆「祖国愛、家族と故郷、職業・労働への愛着が我々の基礎にある」

――小選挙区制という制度は、一番得票の多い候補が勝利するわけですから、小さな政党には不利な制度であることは確かです。日本でも社民党や日本共産党といった小政党は衆議院の小選挙区ではまず、勝つことは稀です。フランスのメディアが国民戦線に対する姿勢は非常に厳しいと私は感じていますが、いかがですか。

ルペン 国民戦線を糾弾する陣営は、私たちの出発点と性格が反共主義にあるから非難するわけです。フランスのメディアはマルクス主義者に牛耳られている。

私たちは自分たちを「国民的」保守派と規定します。祖国愛、家族と故郷、職業・労働への愛着といった価値観が我々の基礎にある。

二〇〇二年大統領選挙の第一回目の投票で、私は社会党候補・リヨネル＝ジョスパン首相（当時）を押さえて、シラク氏に次いで二番目に多い得票を得ました。現場労働者、失業者、青年からの得票では第一位です。それは、社会学的に見れば興味深いことを示しています。フランス、欧州、世界のエスタブリッシュメント（支配層）はグローバリストです。我々は、そうではない。もちろん、グローバリゼーションは否定する事のできない現象としてあり、通信・交通・技術などの発展と結びついています。反グローバリズムの人々と我々が異なるのは、(グローバル社会が）事実として存在するという風に考える点です。つまり、グローバル化による行き過ぎ・偏向に対しては、必要に応じて自らを守り、我々自身がグローバル化の奴隷ではなく、それをコントロールする主人公になるというかまえを持っている。

◆「第二次世界大戦で父を失いました」

――フランスのナショナリズムについてですが、一六世紀のフランソワ一世の時代以来、封建的制約はあったにしても、経済的・文化的にも中央集権化が進み、国民的なアイデンティティが形成される基礎（たとえばフランス語の管理に当たるアカデミー・フランセーズ）ができてきたのではないかと思います。しかし、現実には、あなたの祖国ブルターニュ地方のように、バスク、フラマン、オック、アルザス、コルシカなど幾つものナシオン（民族／国民）がフランスには存在し続け、一八世紀末のフランス市民革命と共和国憲法で、そうしたナシオンに最終的一撃が加えられました。その意味では、既に、フランスは小型のグローバリゼーションを経験したことになります。あなたは市民革命をどう評価していますか？　また共和主義者なのでしょうか？

ルペン　厳密にはいえば、ナシオン（nation）は革命に絡みついた概念、つまり左翼の概念です。革命政権の発行したアッシニア紙幣（*1）には、「ナシオンか、死か」と印刷されています。

私はフランスの過去（歴史）全体に連帯するものです。私はフランスの王制、帝政の過去と同様に共和制の過去にも連帯します。私はそのようなありのままのフランスを擁護します。フランスと世界の為に、それぞれの多様性が守られることを望んでいます。そうした多様性こそ人間を豊かにする要素だと考えるからです。もし、私が神戸に行くとすれば、そこに中近東を見出したいから行くのではありません。それぞれの国々が、それぞれの価値、力、均衡等の魅力を持っている。そうしたことが素晴らしいのであって、そうした多様性を尊重する我々の立場は、グローバリズム、地球画一化の流行を追っかける連中の立場とは明らかに距離がある。

＊1 アッシニア紙幣——フランス革命期に没収された聖職者の財産を担保として、一七八九年から一七九六年まで発行された紙幣。当時大量に発行されたためインフレを起こした。

——貴方は共和主義者でも、王党派でもないということですか。

ルペン そう、私はただフランス人であるだけです。

——第二次世界大戦中、貴方はレジスタンスに参加されたそうですね。

ルペン 私は父親をその戦争で失いました。当時、私は一六歳でしたが、自国が他国に占領されることに反対でした。そこにイデオロギー的なものは何もなかった。ただ祖国が占領されたことに反対するのみで、憎しみも恐怖もなかった。

◆「私がアルジェリア独立に反対した理由」

——アルジェリア独立戦争(＊1)の時代についてお尋ねします。この戦争にも、同世代のフランス人同様、植民地を守るべくフランス軍のパラシュート部隊の一員として参加されていますね。この時期に御自身の中で何か大きな思想的変化はありませんでしたか？　たとえば、植民地支配を継続することの正当性について疑問を抱くとか。祖国の独立と自由は、あなたが先程いわれたようにフランス人のみならず誰もが望むものです。しかし、アルジェリアのフランス領土化の立場をあなたは貫かれたわけです。矛盾しているようにも見えるのですが……。

＊１　アルジェリア独立戦争――一九五四年から一九六二年にかけて行われたフランスの支配に対するアルジェリアの独立戦争。二万五〇〇〇人のフランス兵が戦死し、四五万人のアルジェリア人が死亡したといわれている。独立戦争の最中に首相に就任したドゴール氏は憲法を改正し、大統領に絶大な権力を集中させる第五共和制をつくり、自らが大統領に就任する。アルジェリアの独立は必至と判断したドゴール大統領は一九六二年に、独立を承認する。

ルペン　当時、私は国民議会議員でした。この戦争には兵役としてではなく、志願兵として参加しました。確かに、私はアルジェリアのフランス領土化の立場で、それは、当時国民議会でも発言したことですが、「いま、アルジェリアをフランス化しなければ、いずれ、フランスがアルジェリア化するだろう」と述べた。今になってみれば、予言的発言だったと思っています。

――第五共和制の初代大統領・シャルル＝ドゴール氏も、アルジェリア独立問題では、変化が激しかったが、最終的にはアルジェリア独立を認める方針となりましたね。ドゴール主義との決別は、そのとき決定的になったのでしょうか。

ルペン　その当時、私が考えていたことを説明しましょう。一九世紀の終わりに、実態としてアルジェリアはフランスの県として組み込まれており、そのことはフランスにとって一つの切札でした。フランスは二つの大陸にまたがり、しかも、アルジェリアに属していなかったサハラ地帯を抱える広大な地域は原油資源の宝庫であったからです。アルジェリア人の個人的能力と特性を生かしながら、フランスの物質的・道徳的利益を守る中でアラブ世界に貢献する。これが私の最も大きな展望でした。

アルジェリアの同化（フランス領土化）は、アルジェリア人を完全なフランス人として考える事を抜きにしては、不可能です。同化政策は、教育や職業訓練などでの努力を通じて、アルジェリア人の尊厳が守られなければならないということでもあった。

——植民地の話ですと、日本も近隣諸国の植民地化政策として日本語教育の強制など同じような事をやってきました。ただ、フランスの場合、植民地化と共に、フランス文化を持ち込む中で、ルソーなどをはじめとする革新的な哲学も持ち込みました。つまり、植民地化に抵抗する原理もアルジェリアに持ち込んだということです。日本の植民地支配とはその点で異なります。

ルペン　しかし、独立と同時に、アルジェリア人は母親（フランス）のもとに寝食を求めて流れ込んできたわけです。

◆「国民戦線は常にアラブ人、黒人、ユダヤ人を幹部に抱えています」

——ところで、日本は現在（二〇〇五年一一月）近隣諸国と重大な外交問題を抱えています。小泉純一郎首相による戦犯を含む戦死者が葬られている靖国神社への参拝問題です。戦没者と追悼に関する御意見をお聞かせください。

ルペン　私が初めて国民議会議員に初当選したのが一九五五年で、今年（二〇〇五年）でちょうど五〇年目になります。その政治生活の中で、我が国に関わるほとんど全ての宗教的・歴史的場所を訪ねました。ジュネーブのプロテスタントの戦死者を祀った記念碑、ルルド、サンタンドレの記念碑や古戦場も訪ねた。私が生まれたのがカルナックの傍ですから、ケルトの古戦場跡にも行きました。要するに、フランス文化と祖国に抱いている自分の想い・愛着をフランスの歴史的・空間的全体に統合したいからです。私の妻は半分ギリシア人で、プロテスタントです。私にとっては、アンリ四世(*1)が言ったように、「フランスへの愛着が全てを容易にする」ということです。

ちなみに、私の政治的敵対者は、人種差別主義者、排外主義者（外国人嫌い）、反ユダヤ主義者と決め付け攻撃してくる。しかし、パリの選挙区から国民議会議員候補者としてアラブ人（アルジェリア出身）を最初（一九五七年）に推薦したフランス人は私です。また我が党はイルド・フランス（パリを含む地方圏）地方圏議会議員選挙でアラブ人女性を一九八六年に初めて当選させた。わが党の指導部には、常にアラブ人、黒人、ユダヤ人を（少数ですがフランスの人種構成比率から見ると大きな割合を占める）置いてきました。フランス国民に対する私の考え方は、決して人種的偏見に基づくものではない。それがフランス国民の歴史に照応しないからです。

＊1　アンリ四世――ブルボン朝の初代国王で、在位期間は一五八九年～一六一〇年。

――現在も、国民戦線の党員には黒人・ユダヤ人・アラブ人はかなりいるのでしょうか。

ルペン　党員だけではなく、地方議会の議員としてかなりの党員が選出されている。党員資格として人種・宗教は基準にならないから、誰がどういう宗教かということはわからないし、わが党では問題にもならない。

◆アウシュビッツ問題発言・ありうべき欧州統合

――一〇数年前になるかと思いますが、ナチスの強制収容所に関連して「歴史の細部の問題だ」(un point de détail de l'Histoire) と発言され、大問題になりましたね。

ルペン 二〇年前の話です。その発言は、同日中に世界が反応しました。三日後には、チリ・カナダ・インド・オーストラリアなど至るところで反撃された。私がいったのは「ナチのガス室は、第二次大戦の歴史全体から見れば細部の問題だ」と発言したのであり、当たり前のことをいったまでです。それは、ある質問に答えて発言したものに過ぎず、中傷的で攻撃的な状況や意図は全くありえなかった。しかし、私はその発言で一二五万フランの罰金を裁判所から言い渡された。それ以来、何度も繰り返しこの問題が採り上げられています。

世界には共産主義者やロックフェラーのような国際金融資本など、特定の世界構想を抱いているグループがある。彼らにとって国家は解体されるべき邪魔者です。ところが私は、国民／国家の防波堤です。だから、私が公共の最大の敵といわれていますが、私はフランス国民の最大の仲間であるわけです。

――現在、経済のグローバル化が急速に進展しています。欧州レベルでは政治統合をめざす欧州憲法条約が採択され、国家的アイデンティティもその岐路に立たされています。五月二九日には、憲法条約批准をめぐる国民投票がフランス・オランダで行われ、両国民とも同条約批准を拒否し、欧州の政治統合も大きな壁に突き当たった状況となっています。今回の批准拒否では、フランスの左翼も右翼も支持者が圧倒的に「ノン」を表明しました。しかし、同じ「ノン」でも、右と左ではまったく動機が異なります。左翼は社会福祉国家型の欧州や連邦型の欧州統合をめざします。右翼はあくまで国家主権を欧州よりも価値あるものと考え、緩やかな欧州の協力関係をめざしています。この展開をどのように評価されますか。長い目で見れば、国民／国家は消滅していくのではないでしょうか？

ルペン　欧州の統合については、欧州の似通ったもの同士が共通の利益と目標に基づいて、ケース・バイ・ケースで協力すればいいと私はいってきました。それよりも、地球人口の急増に対する共同の対策が二一世紀の最も重要な課題だと考えます。欧州というとき南仏ブレストからロシアのヴラジオストックまで拡がる北部ユーラシア大陸（中国、インド、中近東、東南アジアなどを除く）を展望しますが、その地域だけで少なくとも一〇億人、その他の地域が五〇億人の人口を抱える。人口増と平行して貧困化も拡大し、北部ユーラシアはやがて他の地域からの人口流入で沈没する危険性があります。これについて私は、過去三〇〜四〇年間繰り返し警告してきた。しかし、残念ながら世界の支配層は、この現実を無視し、どちらかというとイデオロギー的見方、人権主義的・普遍的人道を優先し、それぞれの地域・国の特殊性を無視してきた。北部ユーラシアの内部でどのような協力関係を築くのが理想的か、今のところ明確ではありませんが、それは排他的なものではない。私は二国間・地域間関係の協力・発展に賛成です。たとえば、日本や米国、スーダン、セネガル、アルゼンチンといった国々との二国間・地域間の協力関係を展望してもいい。

ただ、私は、各国の条件に優先する連邦主義というものを信じません。各国の力を寄せ集めて、見せ掛けだけの強力な欧州連邦国家を創ることで、却って諸国家の条件に合った発展と開発への意志が押し潰されることもあります。

◆「途上国の債務返済義務は凍結すべし」

――移民問題にも関連することですが、南北間の格差が広がっています。開発途上国の貧困化については、真の国民経済自立に向けた開発援助をしてこなかった北半球に属する先進国にも、一定の責任があると思います。そのなかで、最近、アフリカ諸国から命がけでスペインやイタリアに不法入国するケースが増えていますね。南北の協力で、お互いに均衡の取れた開発が推進されない限り、欧州の移民問題と言う社会的病根も取り除かれません。その点で、南北の均衡の取れた相互・共同開発が追求されなければならないと思います。

ルペン　もちろん、そうです。開発途上国の人々がいきなり先進国へ大量に移動することを避けるためにも、国家間でどのような相互協力の形態が有効かを見出さなければなりません。ただ、船舶の水密隔壁のような、外板が破損して水が流入してもそれを一定のところで食い止める仕組みがなければならない。それがなければ船は沈没する。

それと、我々の社会が考慮しておかなければならないのは、平均寿命の延長とその社会的・経済的インパクトです。私も三〇年来主張しつづけてきたが、高齢化社会と共に社会的サービスの数量も増大し、それを支えるためには、社会的富の生産が伴わなければならない。そこで将来の生産者となる子どもを産み育てる家族・人口対策が重要になってくるわけですが、その国民的対策がこの間ないがしろにされてきました。これまで、政府は移民でそれを補填してきたからです。フランスに流入する移民人口は、毎年四〇万人とも五〇万人ともいわれている。そのうち半数ぐらいが不法滞在者でしょう。

しかし、このことでフランスに流入する移民個人を責めるべきではない。彼らに、こうした状況についての責任はないからです。唯一の責任は、フランスの左右両翼の政治家にあります。フランスにくれば、働かなくても、移民当人の祖国よりも一〇〇倍の収入があるとすれば、当人にとっては限りない魅力でしょう。それに抵抗するほうが難しい。

――こうした移民の流入は、北側の先進国が、開発途上国の開発を支援していかなければ、食い止めることができないのではないでしょうか。本国で生活できないわけですから。

ルペン　私は既に一九八七年に、途上国の債務返済義務を凍結するよう提案しています。また、我々は途上国支援のために、様々な管理職研修生の受け入れに賛成します。ただ、彼らが研修後本国に帰っていくという条件で、そうした受け入れを進めるべきです。例えば、セネガル出身の医師が、パリ郊外に医者として定住してしまうということになれば、誰にとっても利益にならない。フランス人の医師にとってはその事で職を一つ失う事になり、医師が慢性的に不足するセネガルにとっては、のどから手が出るほど必要な医師を一人失う事になる。こうした点でもアフリカの多くの首脳と私の意見は一致します。

◆「属地法原則に断固反対」

――ところで、戸籍／国籍の問題に関連して、自国で生まれた子に自国籍を与える属地法原則と親が自国籍であれば自国籍を与える属人法原則（血統主義）の二つの考え方があります。フランスの場合、属地主義ですが、日本の場合は、血統主義に立っています。この二つの考え方に対するあなたの立場はどうなのでしょう？

ルペン　私は属地法原則に断固反対です。属地主義の考え方は、一九世紀の終わりに生まれたが、その法律は、一九一四〜一九一八年の第一次世界大戦を準備する中で、外国人労働者の兵役逃れを阻止する為に発令されました。その意味で、状況（が強要した）法です。だから、その法律を変更しない理屈は成立しない。属地法の廃止は、国民戦線の綱領の中にあります。わが党は、国籍問題を次のようなスローガンとして定式化しています。「国籍とは相続・功績・功労による」と。つまり、国籍の相続とは、血統（相続）主義を指し、功績・功労による国籍とは、当人によって要請され、国家／国民に対する功績・功労によって国家が授けるものです。

それに関連して、ホットな話題があります。マダガスカルに近いフランス海外領土県のマヨーテ島の話です。近隣の島々から多数の外国人女性が出産のためにマヨーテ島にやってくるため、混乱を極めています。南米のフランス領ギアナでも同様な問題が起きている。これは、生まれた子どもが属地法原則に基づいて自動的にフランス国籍を取得でき、母親も子どもから切り離せない為、フランス在住が認可されるからです。

◆「イラクはフランスの古くからの友人」

――イラク戦争についてお尋ねします。これまでの経過から見て、あなたの立場はとても明確です。湾岸戦争・イラク戦争ともに反対し、米国の侵略戦争として弾劾されている。この点でも日本の保守・右翼勢力とは全く違います。国連を中心とした世界平和の秩序を守る立場なのか、それとも別の立場からこの戦争と占領を弾劾されたのでしょうか？

ルペン イラクはフランスの古くからの友人です。我々の所有しない資源（原油）を我が国に供給し、彼らの所有しないもの（特に軍備）を我々が彼らに供給してきました。とりわけ、シラク現大統領が、かつて若手政治家としてイラクとの通商に熱心だった。そこから、「Chirac とはCh-"Irak"」と呼ばれた（笑）。それはともかく、イラクをめぐる紛争については、国連の諸規則・諸条約に沿って解決すべきだというのが私の立場です。この紛争は、地域的レベルで解決されなければならない。従って、私ははじめから、大国の外部からの介入に反対でした。そこで米国の介入に反対した。イラク戦争に怒りを覚えるとともに、湾岸戦争以後つづけられた、とりわけイラクの乳幼児の死亡率を飛躍的に高めた殺人的な経済封鎖措置に対しても強烈な怒りを感じています。この経済封鎖は人道に対する犯罪だと我々は考え、その中で医薬品や救急車などをイラクに届けるため、「SOS　イラクの子どもたち」というNGOを発足させました。

私が初めてイラクへ行ったのは湾岸戦争の時でして、イラクで人質となったフランス人たちを救出する為でした。フランス政府は妨害しましたが、ともかく現地に赴き六〇名以上のヨーロッパ人の解放に成功しました。その時、サダム＝フセイン大統領は、救出された人々を欧州に輸送するストラスブール行きの航空機を用意してくれた。ストラスブール到着と同時に、フランス政府は航空機をスイスのバーゼルに向かわせ、そこで我々は、どういうわけか、完全武装の機動隊と警察犬によって迎えられたのです。

◆「イラクは政教分離した現代的な国だった」

――サダム＝フセイン大頭領とは友人関係だったのですか？

ルペン　彼とは、二、三回会っただけですが、一定の評価はしています。西側諸国の権益を擁護する数回の戦争にもかかわらず発展過程にあり、政教分離を達成していた現代的なイラクは、現在そうした面影もなく大混乱に直面しています。民族・宗教間の均衡をとるのが難しいこの国で、イスラム少数派（スンニー派）が支配してきたのが現実です。もし、世界がこの国の民主主義を尊重するというのであれば、国民の九九・九％は反米だということ、同国ではシーア派が多数を占め、シーア派はイランの圧倒的多数を占める宗教だという事実に留意する必要がありましょう。しかし、イラクで行われている「民主主義」によって現実にテロと死を生産しているのに、それでもあなたは、その民主主義を擁護しますか。それがイラクの伝統を無視した欧米の民主主義の名のもとに同国で起きている現実なのです。欧米民主主義はイラクの伝統とは乖離している。イラクには、自らの政府について独自の伝統があったが、それをもって彼らが我々以上に間抜けだとはいえません。もし彼ら自身のやり方があるとすれば、そのやり方が彼らの必要性に応えるものであるといえるのではないでしょうか。

イラクには、シーア派、スンニー派、それとクルド族の対立がある。この国を統治する（賢明な）やり方は、少数派による統治しかない。多数派（シーア派）による統治は、どうしても少数派を押し潰してしまうからです。しかも、そうなればテヘランとバクダッドの枢軸ができてしまい、それは欧米諸国も望んでいることではない。

米国は、政教分離のイラクを解体し、イラン、シリアの解体も狙っています。既に米国は、バルカン半島の二つのイスラム国家を我々（欧州）に押し付け、今、もう一つのイスラム国家トルコのEU加盟を画策しています。これらは、米国の政策であって、フランスの政策でもEUの政策でもない。米国が彼らの国益に基づく地政学的な戦略を構想するのは彼らの勝手だが、彼らの構想と行動は、我々の国益と両立しないばかりか、その反対物です。

――そうすると、あなたは米国の一極主義的な世界戦略を認めず、多極的な世界を構想しているのですか？

ルペン　もちろんです。彼らの世界構想が優れていることを証明できないのだから、米国が一方的に支配する世界ではなく、何らかの均衡の取れた世界を構築しなければならない。米国はアラブ世界と何をやっているのか？　米国はアラブ諸国へのツケを我々に支払わせ、米国はその分をイスラエル支援に充て、アラブ諸国には外交的・政治的埋め合わせを行っているに過ぎない。私はこれが世界の平和的均衡に妥当するものとは思いません。

◆「戦場には自己責任で行くべし」

――イラクで、人質事件が多発していますが、NGOで働く日本人三名が二〇〇四年、イラクで人質となりました。幸いにも、無事釈放され、帰国しましたが、問題は、日本政府の対応と国内世論です。三名の若者を攻撃する世論が沸騰し、政府もそれに与する立場をとりました。釈放後の帰国費用を自己負担とさせるなど、自己責任が強調されました。同様なケースがフランス人やイタリア人に対しても起きましたが、イタリアやフランスにおける政府と世論の対応は全く異なっていました。国民世論は「人質を助けよう」ということで一致連帯し、政府も全面的な救出活動に乗り出しました。こうしたケースについて、実際にイニシアティブを取られた経験者としてどう思われますか。

ルペン 私の場合は、湾岸戦争の直前でしたが、インターネットからの情報でこの問題を知り、まったく私自身の個人的イニシアティブで救出活動を開始しました。こうしたケースでは、国家は如何なる意味でもテロ・グループの交渉当事者になるべきではないと考えています。たとえ人質がどんなに残酷な状況に置かれたとしても、国家はテロリストと交渉する当事者になることはできません。

――日本人人質に関する世論の分裂に関しては、何か意見はありませんか？

ルペン 我が国では、フランス人人質に関しては、国民世論は一致団結しました。毎日メディアでフローランス＝オブナ記者と彼女の通訳のイラク人を救出するキャンペーンが展開されましたが、これはテロリストにとっては強力な宣伝ともなった。こうしたケースでは、慎重さと透明性（公開性）のバランスをどうとるか微妙な問題は残るにしても、外交は透明というわけには行かない。

――「当人たちは危険を承知して行ったのだから、自分で責任をとるべきだ」という対応をどう思いますか？

ルペン それは、英国のトニー＝ブレア首相の立場でもありますね。「どうぞ自由に行ってください、あなた方自身の問題です、私たち（英国）は、それに責任を負いませんよ」と。私はその立場に賛成です。戦場はセンチメンタルに行けるほど甘くない極めて危険な場所です。例えば、ジャーナリストが戦場に赴く場合、その危険についての十分な覚悟が必要です。それは個人的な自覚の問題であると同時に自由の問題です。国家は、そこまで介入できないし、軍隊は軍事目的以外の私人を常時守ることはできない。

◆労働組合、自由経済、多国籍企業に支配されたフランス経団連

――グローバリゼーションの中で、市場の自由化が世界的に進んでいますが、それによる弊害も生まれています。貴方は、市場の完全な自由化（自由競争）をめざすのか、それとも、国民生活の土台となる公共サービス部門など特定の分野については国家の介入を認める方向をめざすのかということなのですが……。

ルペン 私は、自由な市場・自由な経済活動を擁護するが、幾つかの戦略的にカギとなる部門については、国益の観点から、国に監督義務があると考えます。国益が完全自由競争の犠牲になっ

てはならない。私は、「鶏小屋における狐の自由」を認めません。

――例えば、（戦略的なカギとなるエネルギー部門）電力の民営化が進んでいます。ＥＤＦ（フランス電力公社）の一五％の株式が公開され、その約半分を民間の銀行や保険会社などが握り、残りの半分が、ＥＤＦ職員や一般の個人に開放されます。銀行や保険会社は、「鶏小屋の狐」ではありませんか？

ルペン　私は、共産主義者のフランス労働総同盟（ＣＧＴ）の囚人となっている公共サービスを擁護しません。ＥＤＦのＣＧＴ企業委員会がＥＤＦ総売上高の一％を管理しています。これは言語道断です。フランスには労働組合結成の自由が存在しません。代表的労組が労働運動を独占し、その代表性は、戦時中の（ナチ占領軍に対する）姿勢に基礎を置いています。戦時中レジスタンスに参加した労組には、代表的労組としての権利がありますが、他の労組には労働組合としての代表性がない。五〇年後に生まれた労働者が労組を結成しても、レジスタンスに参加したこと（伝統）が無いから、代表的労組になることはできない。フランスの労働運動には欺瞞があります。フランスの諸労組に組織されているのは、全勤労者の八％以下に過ぎず、しかも、その大多数が公務員です。

――フランスの経営者連合会・ＭＥＤＥＦ（メデフ）が発足したのが一九九八年でしたが、それまでの経営者団体（ＣＮＰＦ）と違って、英米流の自由主義市場経済モデルの方向に大きくカーブを切っているように見えますが、あなたは、どう評価されていますか

ルペン　ＭＥＤＥＦは、国内企業の経営者というよりも多国籍企業の経営者によって指揮

されています。私は、ＭＥＤＥＦを評価していません。多国籍企業の経営者というのは、国益よりも企業のグローバル収益に関心が向かうからです。アントワーヌ＝セリエール（Antoine Seillière）・元ＭＥＤＥＦ会長（一九九七年一二月〜二〇〇五年六月五日まで在任）は、とりたてて祖国の利益を擁護する愛国者ではなかった。彼らが多国籍企業の経営者だからです。

（本インタビューの一部は『論座』二〇〇六年二月号に掲載）

第３章　ジダン頭突きと差別的言動

◆「謝罪はするけれど後悔はしない」

二〇〇六年七月九日、世界中のサッカー・ファンが見守るＦＩＦＡワールドカップのイタリア対フランスの決勝戦が行われた。今大会で現役引退を宣言しているフランスの英雄でチームの主将・ジネディーヌ＝ジダン（Zinedine Zidan）選手にとってはこれが最後の試合だった。前半七分、ジダンはＰＫを決め先制しその実力を示したが、その一二分後にイタリアのマルコ＝マテラツィ（Marco Materazzi）選手がヘディングを決めて同点となった。両チームは一歩も譲らない戦いを続け、一対一のまま延長戦へと持つれこんだ。決勝戦に相応しい息を呑む展開だった。

しかし、延長戦終了の一〇分前に信じられない出来事が起きた。マテラツィとジダンが言葉を交わした後、突如、ジダンがマテラツィに頭突きを食らわせたのだ。ジダンはレッドカードを出され即退場となった。世界のスーパースターであるジダンにとって引退試合としてはあまりにも哀しい結末だった。けっきょく、決勝戦はＰＫに持ち込まれ、イタリアが五対三でフランスを下した。

いったい、マテラツィはジダンに何をいい、彼を激昂させたのか。

試合の結果よりも、ジダンをレッドカードに追いやった侮辱の言葉が何だったのかということに、メディアの関心は集まった。

「お前はテロリストの息子だ」「お前の母（姉）は売春婦だ」

アルジェリア移民の家庭に生まれたジダン選手に対して、それをネタにした差別的な言葉が発せられたのではないか……とメディアは推測した。

ＢＢＣ（英国放送協会）で読唇術の専門家は「テロリストの売春婦の息子」とマテラツィが口にしたとコメントした。イタリアの新聞は「おい逃げるのかホモ野郎」「お前の姉さんは娼婦だ。くそ野郎」「お前の姉さんは娼婦だ。ケツの穴、壊すぞ」とマテラツィが発言したと報じた。

ジダン選手は七月一二日夜、フランスの有料チャンネル「Canal Plus」に出演して、真相について語った。彼はまず、世界中の子ども達にたいして自らの行為を公の場で謝罪するといったが、同時に自分の行為を後悔はしていないと表明した。

「なぜならそうでなければ（＝後悔するとは）、マテラツィがああいうことを言うのは正しいとなってしまう」とジダンは説明した。

トラブルは、「ユニホームを引っ張るのをやめて欲しい。欲しいなら試合の後で交換しよう」と試合中、マテラツィにジダンがいったことから始まった。

「そうしたら彼は非常に重大な言葉（複数）を発し、これは私の最も奥深い部分を傷つけた。これはとても深刻でまた大変個人的なことだ。私の母と姉妹に関することだった。初めはそれを聞くまいとし、遠ざかろうと努力した。けれど彼はそれを二、三回繰り返し、事態は早く進展した。」

体調を崩して試合前日にベルリン市内の病院に入院した母・マリカさんは、メディアの取材に対し、「私の息子は私と家族の名誉を守っただけ。マテラツィが私の家族について言ったことが本当なら、彼の急所を切り取ってやりたい」と息子の行為を擁護した。

◆ジダンの足跡と九八年ワールドカップ

アルジェリア人であるジダンの父・スマイル＝ジダンは妻を連れて一九五三年九月一七日、祖国を離れてフランス南部の都市・マルセーユに移住する。彼が居を構えたのは、貧困街として知られるカステラーヌ地区だった。スマイルは少しでも給料を得るために、週に一日しか休まずカジノで働き、機械係やガードマンを務めた。彼がフランスに来て一九年目の一九七二年六月二三日、ジネディーヌ＝ジダンが生まれる。カステラーヌ地区に住むのはマグレブ（チュニジア、モロッコ、アルジェリア）系住民や外国人がほとんどで、白人のフランス人の姿はほとんどなかった。ジダン一家は決して裕福とはいえず、慎ましい生活を送った。

ジダンは子どもの頃からサッカーを楽しみ、広さは一〇〇×三〇メートルくらいのコンクリートのタルタヌ広場で仲間とともに遊んだ。ラインの代わりに植木鉢を使い、ゴールには着ているものや小石をつかった。一日中プレーすることも多く、サッカーは最高の遊びだった。

一〇歳になった八二年、ジュニア級のクラブで、指導者は全員ボランティアの「USサン・アンリ」にジダンは入る。ジュニア級で活躍したジダンがプロ入りするのは一九八八年のことで「ASカンヌ」に所属する。九二年には名門「ジロンダン・ド・ボルドー」に抜かれ、九六年までプレーする。二〇〇一年からはイギリスのベッカム選手が現在所属するスペインの強豪チーム「レアル・マドリード」に入り、引退するまで活躍する。

フランス人がフランスの代表チームを愛しジダンを敬愛するのは、一九九八年のワールドカップや二〇〇〇年の欧州選手権を、ジダンが中心となって圧倒的な強さでもって優勝したからだけではない。フランス代表チームは、肌の色や民族が異なる移民二世を中心に構成させているからだ。フランス代表チームはフランス社会の縮図である。

九八年のワールドカップの際には、アルジェリア系が多いパリのアラブ人街バルベスは、フランス代表が勝つ度にお祭り騒ぎになったという。移民系フランス人はチームを勝利に導くジダンを誇りに思った。フランス代表が勝ち進むにつれ、移民を含めてフランス中が一体感を持つようになり、メディアはこれを「ジダン」効果と呼んだ。

一九九八年のワールドカップ決勝の日、フランスがブラジルを三対一で下し初優勝を決めると、試合後、シャンゼリーゼ通りに警察発表で一〇〇万〜一五〇万の群衆が集まった。フランスの国旗である三色旗とともに、ジダンの第二の祖国であるアルジェリア国旗もはためいた。そして、凱旋門にはジダンのポートレートが映し出された。

人々は抱き合いキスをし、勝利の味を噛みしめた。

「移民がフランス人として認められた」日が、ワールドカップ優勝の日だった。

しかし、移民国家のもろさは、二〇〇五年秋にパリ郊外を中心にして勃発した移民二世・三世を中心とした蜂起で如実に現れた。

◆暴動と通じる「頭突き」

暴言を吐かれて頭突きしたジダンと、二〇〇五年のフランス暴動は通じるものがある。

暴動は、警官の職務質問を受けた一五歳と一七歳のアフリカ系少年二人がパリ郊外の変電所に逃げ込み感電死した二〇〇五年一〇月二七日の事件に端を発する。移民の街として知られるパリ郊外・サンドニ県を中心に若者が暴動を始めた。移民二世・三世が中心となりフランス各地に飛び火した。

そのとき治安担当であるニコラ＝サルコジ内務大臣は暴動参加者を「社会のゴミ」(racaille)「ゴロツキ」(voyous) と痛罵した。

これらの語はケンカや相手を挑発するときに用いられる日常語で、その意味ではマテラツィが口にしたという、イタリアで頻繁に悪口として使われる「お前の母は売春婦だ」と似ている。しかし、サルコジ内相もマテラツィも、語をつかう場所も、発する相手も間違えている。ワールドカップの競技場は全世界が守る神聖な場所であり酒場ではない。ましてや、相手は母親思いで知られている移民二世のジダンである。

サルコジ内相に関していえば、治安のトップの職にいる者が一〇代の若者に対して公に発する言葉ではなかろう。サルコジ発言を挑発と受け止めた若者たちの暴動は激化し、一一月六日夜から七日朝にかけては、一四〇八台の車がフランス全土で一夜にして焼き壊された。

移民二世・三世は今回の「頭突き」をどう見ただろうか。貧困地区で育ち、社会の底辺からトップスターへとのし上がった移民二世のジダンは彼らにとって英雄である。社会から「クズ」扱いされている自分たちが置かれている現状と暴言を吐かれたジダンの姿を、彼らは重ね合わせて見たのではないだろうか。

◆半数以上のフランス人がジダンの頭突きに理解

フランス人はジダンの行為をどのように見たのか。

フランスの世論調査会機関・CSA社が試合の翌日の一〇日に一五歳以上のフランス人・八〇二人を対象にして行った電話調査の結果を紹介しよう。

「今回のワールドカップにおけるフランスチームの足跡をどう思うか?」という問いには、準優勝の成績だけに、「満足した」が六一%、「感動した」が七四%と、多くの支持が集まった(表3—1)。ジダンの頭突きに関して「理解できるか」と質問したところ、半数以上が理解すると答えた(表3—2)。頭突きを「許せるか」という問いには、「許せる」が六一%に達した(表3—3)。ジダンの第二の祖国・アルジェリアで実施された世論調査では、七一・六%がジダンの行為を支持すると応えた。

一方、極右のドン、ジャンマリー=ルペン「国民戦線」党首はこの頭突きをどう見たのか。彼は以下のような声明を発表した。

「サッカーというスポーツの中でジダン選手は偉大な花形選手の一人である。私たちは彼を『スター』(star)と呼んでいいだろう。グラウンドでの度重なる暴力行為で彼は制裁を受けてきたにもかかわらず、たいへんな名声を得ている。ワールドカップ決勝戦におけるジダン選手の頭突き行為はある種、彼の性格を最後の場面でも示したといってよいだろう。数百万の人々が見守る中でフランス代表チームの主将が肉体的暴力を行ったことは、彼が何をいわれたのか分からないが、言葉による暴力があったにせよ正当化できるものではない。」

「たとえジダン選手が言葉による挑発という情状酌量の余地のある状況を証明できたとしても、彼のやった行為は非難すべきであり、シラク大統領がジダン選手をベタ褒めすることに対して我々は怒りを覚える。シラク氏こそレッドカードに値する。」

表３－１　2006年ワールドカップでのフランス・チームに？

満足した	61%
失望した	28%
どちらともいえない	11%
計	100%

感動した	74%
批判的だ	9%
どちらともいえない	17%
計	100%

表３－２　ジダンの頭突きに？

理解できる	52%
理解できない	32%
どちらともいえない	16%
計	100%

表３－３　ジダンの頭突きを許せるか？

許せる	61%
許せない	27%
どちらともいえない	12%
計	100%

◆差別的発言を罰するフランス

フランス国民がジダンに好意的なのは何故だろうか。それは、差別的言動に対する昨今の厳しい風潮を反映しているからだ。

差別を監視し取り締まる「高等反差別・平等機関（ＨＡＬＤＥ）」をつくる法律が二〇〇四年一二月三〇日にフランスでは成立し、人種差別、ユダヤ人差別、性差別、同性愛差別の発言や文書を罰することができるようになった。二〇〇六年一月二四日にはクリスチャン＝ヴァネスト国民議会議員（与党「国民運動連合」所属）が過去に「同性愛は異性愛より劣等だ」「地上の人々が同性愛に従うならば、これは人類にとって危険きわまりない」と日刊紙で発言した内容が「差別的である」として、リール軽罪裁判所は三〇〇〇ユーロ（約四五万円）の罰金刑を命じた。

フランスでは差別的な言動は罰せられる。公人であるサッカー選手が公の場で公然と差別的な発言をすることは断じて許されない。そう思うフランス人が多いから、ジダンの頭突きに理解を示すのだろう。

ワールドカップの試合は全世界が注目する大舞台である。そこで選手が使う言葉は時として、政治家の言葉よりも重い。しかし、挑発・罵倒・悪口は言いたい放題で、ＦＩＦＡ（国際サッカー連盟）は放置してきた。ジダンが問いかけたことは、この大舞台で差別的な発言が発せられる現状でいいのか、どんなにひどい言葉であっても耐え聞き流す態度が正当なものなのか……ということだった。「おい逃げるのかホモ野郎」「テロリストの息子」ともしマテラツィが発言したのだとしたら、フランスでは法律で罰せられる。

ＦＩＦＡは今回、「人種差別的な発言はなかった」と結論づけたものの、マテラッィ選手に二試合の出場停止処分と五〇〇〇スイスフラン（約五〇万円）の罰金を課した。ちなみに、ジダン選手への処分は、七五〇〇スイスフラン（約七〇万円）の罰金と三試合の出場停止だった。フランス・サッカー協会会長のジャン＝ピエール＝エスカレット氏は、テレビのインタビュー取材に対して「ジダンは、いつも挑発に反応した者だけが罰されるのは正しくない、として物議をかもした。今日、こうして挑発者が罰されたことで、彼は満足しているだろう」とコメント。さらに「母や姉など家族への暴言――これは世界中のピッチで横行している、いわばよくある不正な行為だが、今まで挑発者が罰されることはまれだった。挑発者も罰されるという例を作ったことは、今後のためにも重要なことだと思う」と語り、この処罰の意味を強調していた。

差別的発言にあまりにも無頓着だったＦＩＦＡの姿勢が問われ、侮辱発言をしたマテラッィが裁かれた点では、ジダンの頭突きは意味があったといえる。

第2部　欧州憲法否決の衝撃

第４章　欧州憲法否決で見えた移民・極右・欧州

１　二〇〇五年五月欧州憲法国民投票

誰がこの結果を予想していたであろう。

欧州憲法・条約の是非をめぐってフランスで二〇〇五年五月二九日に行われた国民投票の結果を、である。二〇〇四年一二月初めの世論調査ではフランス国民の間で批准賛成が六九％と圧倒的だった。それがどんでん返しで否決された。批准賛成一二八〇万票に対して、批准反対が一五四四万票と大きく上回ったのである（表４）。

●「サルコジ党首、必死に支持を訴え」（２００５年４月26日付）

来月（五月）二九日にフランスで行われる欧州憲法批准の是非を問う国民投票を前にして、最大与党、国民運動連合（ＵＭＰ）のニコラ＝サルコジ（Nicolas Sarkozy）党首が四月二一日、パリ第九大学で講演し、批准の支持を訴えた。

次期大統領とも目されているサルコジ党首は「欧州連合という構想を瓦解させてはならない。

三世代にわたってつくり上げてきたものを壊してはならない」とつめかけた千人以上の学生・UMP党員に訴えた。

「欧州はあなたたちのためにつくられた構想であり、あなたたちがつくるものだ。欧州憲法への投票する機会は一生に一度しかない」と投票に足を運ぶよう呼びかけ、「もし、あなたたちが反対すれば、（欧州統合にかけられてきた）いままでの時間が無駄になる。反対は事なかれ主義だ」と強調した。

各種調査機関の世論調査では、いずれの調査でも批准反対派が過半数を上回り、反対派が日に日に増えている。マーケット・ツール社が二〇日に有権者千人を対象に実施した調査によれば、反対派が六二・三％にものぼり、過去最高となった。

国民戦線のような極右政党や共産党などの左翼政党は反対運動を全国的に展開している。UMPと同様に最大野党の社会党も批准賛成の立場をとっているものの、党内には反対論が根強く存在し、公然と反旗を翻している議員もいる。

多数の支持を得て批准すれば、二〇〇七年に行われる大統領選挙で、三選への弾みになると考えていたシラク大統領にとって、反対派の巻き返しは誤算。欧州憲法は加盟国の一国でも批准しない場合、発効できない仕組みになっていることから、欧州統合の先頭に立ってきたフランスで批准が否決されれば、欧州内での求心力の低下は避けられない。

シラク政権にとって三選の契機どころか政権崩壊に繋がりかねない状況で、批准推進を必死に訴えている。四月一四日にはシラク大統領みずから、若者と二時間にわたって討論するテレビ番組に出演し、「(批准を)恐れることはない」と繰り返し主張した。しかし、テレビ討論後に行われた世論調査では反対派が増え、逆効果になってしまった。(及川健二、『日刊ベリタ』[*1])

＊1『日刊ベリタ』――二〇〇二年六月に開始された有料のインターネット新聞で、会員のみが閲覧できる。国際ニュースを中心に報道し、タブーのない自律的なメディアをめざしている。

――三月半ばになるとどの世論調査でも、賛成に投票するというより反対に投票するという回答者が増えていった。もしかしたら、欧州憲法が否決される事態も有り得る？　四月になるとそう予測する人が増えていった。しかし、それでも国民運動連合(UMP)、フランス民主連合(UDF)、緑の党、社会党が賛成の運動を広げていけば批准に持っていけるという楽観論が四月の段階では根強かった。その後、世論は拮抗していく。

● 「仏欧州憲法反対五一%、賛成四九%　世論調査」(2005年5月18日付)

フランスのフィガロ紙が五月一七日発表した世論調査によると、欧州憲法批准の是非を問う国民投票について、反対は五一%で、賛成の四九%をわずかに上回った。

調査会社IPSOSが一三、一四の両日、有権者九七二人を対象に実施した。二九日に行われる国民投票は、五月以前の調査では反対派が賛成派を大幅に上回ってきた。

しかし、一九九五年、二〇〇二年の大統領選挙で社会党候補としてシラク大統領と肉薄し、シラク政権下で首相を務め、未だに社会党・支持者の間で人気の高いリオネル＝ジョスパン氏が沈黙を破って、四月下旬にテレビ局のインタビューで欧州憲法支持を表明して以降、賛成派が増えている。

政党別に見ると、シラク与党の国民運動連合支持者の七二%は賛成、社会党の支持者は賛成・反対ともに五〇%と拮抗している。他の左翼政党の支持者は五九%が反対、極右政党の支援者では八六%が反対の意思を示している。

(及川健二、『日刊ベリタ』)

――ジョスパン元首相は左翼や社会党支持者に影響力が強く、彼の介入によって一時的に社会党内の賛成派は増えた。

●「欧州憲法国民投票、反対派巻き返す　鍵は社会党?」(2005年5月19日付)

ルモンド紙が五月一八日発表した世論調査によると、二九日に投票される欧州憲法批准のための国民投票について、反対は五三%、賛成は四七%であった。上旬に行われた調査に比べ、反対派が巻き返している。

調査は調査会社TNS-Sofresが一一日から一三日にかけて、有権者一〇〇〇人を対象に実施したもので、同社が今月(五月)九日と一〇日に実施した世論調査では、賛成が五二%、反対が四八%であった。意見が変わらないと答えた有権者は七七%、投票する意志がないと答えた有権者は二五%だった。

政党支持別に見ると、無党派層では反対(六三%)が賛成(三七%)をはるかに上回ってい

フランソワ＝オランド（François Hollande）。1954年8月12日生まれ。1988年から国民議会議員を、1997年から社会党第1書記を務めている。社会党の人気女性政治家・セゴレーヌ＝ロワイヤル国民議会議員とは70年代末から事実婚関係にあり、2人の間には4人の子どもがいる。

る。共産党の支持者は八九％が反対、賛成は一一％。そのうち九二％が意見は変わらないと答えている。極右政党の支持者は反対が八七％、賛成が一三％。極右政党と左翼政党の支援者の間に反対論が根強いことを示している。

シラク与党の国民運動連合（ＵＭＰ）では賛成が七二％、反対二八％、保守政党のフランス民主連合（ＵＤＦ）では賛成が七五％、反対二五％と、保守政党支持者の間では賛成派が上回っている。

環境政党支持者では賛成が五一％、反対四九％、社会党支持者では、賛成が四六％、反対五四％と拮抗している。社会党ではフランソワ＝オランド第一書記（党首）、パリ市長のベルトラン＝ドラノエ氏（＊1）、リオネル＝ジョスパン元首相といった主流派が批准賛成の運動の先頭に立っているが、社会党重鎮で財務大臣や首相経験者のローラン＝ファビウス氏（＊2）が「憲法は自由経済主義的すぎる」という理由から反対の運動を展開している。一六日にはフランス北西部ルーアンで開かれた集会には、反グローバリズムの運動家として世界的に知られているジョゼ＝ボベ氏とファビウス氏が同席、反対を改めて表明した。

TNS-Sofres の世論調査では社会党支援者のうち、四月二七日、二八日の調査時点で、賛成が四九%、反対五一%。今月(五月)九日、一〇日の調査では賛成が五〇%、反対五〇%と、賛成と反対が拮抗している。このままいくと、社会党支持者の投票行動によって批准の可否が決まる情勢で、反対・賛成陣営ともに最後の追い込みに力を入れている。一八日、一九日の夜には、ドラノエ市長が賛成を訴えるため、市民との対話集会に出席する予定。

(及川健二、『日刊ベリタ』)

＊1 ドラノエが一貫して貫いているのは反差別という政治姿勢だ。女性差別、ユダヤ人差別、人種差

ベルトラン＝ドラノエ(Bertrand Delanoë)。1950年5月30日、チュニジアの首都チュニスで生まれる。ドラノエ氏は、幼少時をチュニジア北部にある人口約9万人の都市・ビゼルテで過ごす。彼が思春期を迎えた頃に、フランス人の家族と共にフランスへ移住する。彼が政治の世界に入ったのは23歳の時で、アヴェロン県にある社会党の事務所で事務員として働きはじめた。1977年にはパリ市議会議員に選ばれ、81年には社会党本部の広報官になり、93年にはパリ社会党の代表になった。1995年には、上院議員に選出され国政入りし、上院外交国防委員会に配属される。上院議員とパリ市議を兼務したドラノエ氏はパリ市議会の野党・代表を1995年から2001年まで務める。2001年からパリ市長。

別、イスラム教徒への差別といった問題に、パリ市議・国政議員として取り組んできた。チュニジアというイスラム圏の出身であることから、フランス政界の中でもイスラム教にかなり理解のある政治家として知られている。一九九八年一一月二二日、テレビのトーク番組「ゾーン・アンテルディット」にドラノエ氏は出演した。その当時、異性カップルのみならず同性カップルの権利も保障するパートナーシップ制度・パクス（PACS）が論争の火中にあり、ドラノエ氏は賛成の立場からの出演だった。そして、彼は番組の中でこう宣言したのだ。「そう、私はホモセクシュアルです。今日（この場で）、行っている議論の重大さを私は承知しています。しかし、私はもう四八歳なのです。自分の信念を持って生きなければならない」。さらに、ドラノエ氏はこう言い切った。「自分のキャリアなど、私にとっては最も重要なことではない」。ゲイであることをカミング・アウトすることが、社会党のエリートとして歩んできた自分の政治生命を、ひょっとしたら絶つかもしれない「爆弾発言」であることを、ドラノエ氏は承知していた。しかし、発言によって彼の政治生命が絶たれることはなく、三年後（二〇〇一年）のパリ市長選挙で、彼は市長の座を射止める。

＊2　ファビウス（Laurent Fabius）――一九四六年八月二〇日生まれ。社会党のナンバー2と目されている政治家で、一九七八年から国民議会議員を務めている。一九八一年五月から八三年三月、二〇〇〇年三月から〇二年五月まで財務相を務めた。一九八四年七月に三七歳にして首相に就任、八六年三月まで務めた。

●「ルペン党首、シラク大統領の辞職要求」（2005年5月24日付）

五月二九日にフランスで行われる欧州憲法批准をめぐる国民投票を前に、極右政党・国民戦線のジャンマリー＝ルペン党首は二四日、テレビ番組でシラク大統領が「辞職することを望む」と述べ、国民投票の結果次第ではシラク大統領は退陣すべきだと主張した。

ルペン党首は「シラク大統領がもう一度、介入してくれればいい。そうすれば、欧州憲法反対の勝利は保証されるだろう」と述べ、シラク大統領を挑発した。

シラク大統領は過去に二度、テレビ番組に出演して欧州憲法に賛成票を投じるよう国民に訴えたが、その都度、各種世論調査では批准に反対する国民の割合が増えた。

主要紙の世論調査ではシラク大統領の支持率は四〇％を切っており、シラク氏のさらなる登場は、世論の反発を強める可能性がある。

週刊誌『パリマッチ』が有権者八七三人を対象に、二一日から二三日に実施した世論調査によれば、反対派が五四％と賛成派を上回っている。シラク氏は投票三日前の二六日夜、エリゼ宮からテレビ中継で最後の訴えをする予定だ。

（及川健二、『日刊ベリタ』）

●「欧州憲法否決の事態も　ルモンドが最後の世論調査」（2005年5月27日付）

フランス紙『ルモンド』が五月二七日付の紙面で、欧州憲法に関する最後の世論調査の結果を発表した。最終局面で依然憲法批准に反対する人が増えており、欧州憲法が否決される事態も予想されている。

調査はTNS-Sofresが二三、二四の両日に、フランス人有権者一〇〇〇人を対象に実施した。

二九日にフランス国内で予定されている欧州憲法批准をめぐる国民投票について質問したところ、五四%のフランス人が批准に反対と答え、賛成の四六%をわずかに上回った。

同社が一一〜一三日に実施した世論調査では、賛成が五三%、反対が四七%であったから、投票日か近づくにつれ、反対派がさらに巻き返している。

意見が変わらないと答えた有権者は八二%（一一〜一三日調査時点では七七%）で、投票する意志がないと答えた有権者は二五%だった。

鍵を握ると思われていた社会党支持層では、先週から党幹部や欧州左派政界の重鎮による全国的なキャンペーンが展開されたが効果は現れず、反対が五九%と賛成の四一%をはるかに上回った。一一〜一三日の調査では反対が五一%（賛成四九%）だった。

これまで拮抗していた環境政党の支持層では、フランス五月革命の英雄で現在、欧州・緑の党の代表を務めるダニエル＝コーンベンディット（Daniel Cohn Bendit）氏が連日、集会で批准賛成を訴えたが、反対が五六%（賛成四四%）と優勢だ。無党派層では反対（六九%）が賛成（三一%）をはるかに上回っている。

世代別では五〇〜六四歳の有権者のうち五一%が賛成で、六五歳以上の世代では五六%が賛成だ。しかし、一八〜二四歳の若い世代では欧州憲法への反発が強く賛成は四三%だ。男女別では女性の五五%が賛成している。

各紙・各テレビ局とも、関心は欧州憲法の批准が否決された後の動向にうつっており、ラファラン首相（当時）が更迭された後の次期首相に注目が集まっている。『フィガロ』は二六日の紙面で、「ラファラン氏は更迭の覚悟ができている」と報じた。

次期首相の有力候補の一人として、イラク戦争時に外務大臣として戦争反対の論陣を張って世界的に注目されたドミニク＝ドヴィルパン内務大臣〔当時〕の名前が挙がっているが、ドヴィルパン氏は国会議員の経験がないため、政治経験不足を指摘する声もある。


（及川健二、『日刊ベリタ』）

――二日前では「欧州憲法は国民投票で否決される」と考える人が多数になり、賛成派の間では諦めムードが広がった。

●「欧州憲法批准は微妙　投票目前のフランス」（2005年5月27日付）

五月二九日にフランスで行なわれる欧州憲法の批准をめぐる国民投票を目前に控えて、各政党は大規模集会を開き、最後の追い込みに入っている。

欧州憲法は欧州統合を睨み、EU（欧州連合）の基本的あり方を定めるもので、加盟二五カ国すべての承認が必要。スペイン、イギリスなど国民投票を実施する国と、議会の承認のみで批准の是非を決める国とに分かれている。これまでにイタリアなど七カ国が批准している。

この憲法ではEUの共通する価値観は、人間の尊厳や少数派の権利の尊重などを謳うほか、「高い競争力を持つ社会的市場経済」を重視しており、英米流の市場原理主義に陥るのではとの懸念もあって共産党やダニエル＝ミッテラン（Danielle Mitterrand）前大統領夫人が批准に

飛び入り参加のヨシカ＝フィッシャー

反対する一方、五月九日にパリで開かれた学生集会で、パリ五月革命の学生リーダーで「欧州緑の党」代表のダニエル＝コーンベンディット欧州議会議員は「憲法は欧州の民主主義の基盤をつくり、持続可能性という原則を確立する」と批准反対論を批判。

　極右政党「国民戦線」（ＦＮ）のジャンマリー＝ルペン党首は五月一日に開かれた反対集会で、「憲法によって繁栄や完全雇用、社会進歩が導かれるわけではない。失業、社会的不安定、フランス企業の崩壊が起こる」と、批准反対を表明した。

　一方、賛成・反対両派で二分する社会党は五月一八日、パリ市内で欧州政界の左派政党の重鎮を招き、批准賛成を訴える大集会を開いた。集会にはドイツのヨシカ＝フィッシャー副首相兼外務大臣（当時）も飛び入り参加した。

　主要新聞が発表した世論調査結果によると、七〇％以上の国民が投票に行くと答え、批准反対派が賛成派を一～四％程度上回っており、憲法批准が決まるか微妙な情勢だ。

（及川健二、『週刊金曜日』）

●「欧州憲法、仏であす投票　各陣営が最後の訴え」（2005年5月28日付）

欧州憲法の批准をめぐる国民投票を五月二九日に控え、フランス各地で各陣営が最後の訴えを行った。

批准反対派の極右政党・国民戦線は二五日、パリ市内で一五〇〇人が参加して総決起集会を開いた。ジャンマリー＝ルペン党首はフランス共産党や社会党の一部も反対に回っていることから、「何も『ノン』といっている人たちすべてと一致しているわけではない。共通の計画を実行するわけではない」と述べながらも、「一番初めに『ノン』をいうのはフランス人しかいない」と強調し、憲法批准阻止に向けて最後の運動をするよう支援者に訴えた。社会党や緑の党の反対派と共産党は二七日、パリ市内で共同集会を開いた。

一方、シラク大統領は二六日、エリゼ宮（大統領府）から憲法批准を訴える最後の演説をした。大統領は、国民投票は政府の信任投票になるという見方を否定し、「私たちは誤った答えを出してはならない。この投票は党派を越えたものだ」「貴方たちがたとえ『ノン』といったとしても、それは政府に対して『ノン』といったことにはならない」と述べた。

日刊紙『パリジアン』(Parisien) などから委託されて調査機関が二四〜二六日にかけて一〇〇二人を対象に実施した世論調査によると、反対は五五％（賛成四五％）にのぼった。二一〜二三日に実施された調査では、反対派が五三％であったから、投票日が近づくにつれ、反対派がさらに増えたことを示している。

（及川健二、『日刊ベリタ』）

――この時点でほとんど勝敗はついていた。

◆大差で否決された欧州憲法

欧州憲法条約・批准をめぐる国民投票は、投票率が六九・三七％（投票総数・約二九九八万票）という高さで、「Non」（反対）に投じた票は五四・六七％で「Oui」（賛成）票を約二六四万票も上回り、大差での否決だった（表４）。

二〇〇四年にシラク大統領が欧州憲法批准の是非を国民投票で問うと発表したときは、誰もがその否決など夢にも思わなかった。極右政党「国民戦線」（FN）「フランスのための運動」（MPF）、極左政党「労働者の闘い」（LO）「革命的共産主義者同盟」（LCR）、「フランス共産党」（PCF）などマージナルな政治勢力が反対を表明しただけで、与党の国民運動連合（UMP）・フランス民主連合（UDF）はもとより、野党第一党の社会党や緑の党は党員投票を通じたあと、賛成の立場を鮮明にした。国民議会議員の九割以上が欧州憲法に賛成する立場だった。

世論も初めは賛成派が多かった。それが、投票日に近づくにつれ、世論調査では反対に投票するという回答が増えて行き、〇五年三月半ばになると賛成者を上回るようになった。そして、投票日間近の

表４　欧州憲法をめぐるフランス国民投票

2005年5月29日　投票率69.37%

	得票数	得票率％
賛成	1208万8270票	45.33
反対	1544万9508票	54.67
無効票	73万0522票	

世論調査まで、反対派が賛成派を常に上回った。

直前には誰もが否決を予想し得た。しかし、前年には予想する人はいなかった。まさか……の事態が二〇〇五年五月二九日、起きてしまったのだ。

2　欧州憲法否決の意味

「パニック！」

フランス全土で行われる欧州憲法の批准をめぐる国民投票が実施される数日前、ある日刊紙は一面の見出しをこうつけた。投票日が近づくにつれ、憲法に反対する国民が増えていっていることは、どの世論調査でも明らかだった。シラク大統領の執務室があるエリゼ宮はパニックに陥っている……と新聞は報道した。

欧州憲法は欧州統合を睨み、ＥＵの基本的あり方を定めるもので、全文四四八条から成る。発効のためには加盟国二五カ国すべての承認が必要であり、スペイン、イギリス、フランスなど国民投票にかける国と、議会の承認のみで批准の是非を問う国とに分かれている。フランスの国民投票の前に、九カ国が批准の手続きを順調に終えていた。

しかし、フランスの「ノン」によって欧州憲法は止まってしまった。

欧州憲法に反対する極右政党「国民戦線」のジャンマリー＝ルペン党首は運動中に、「これはドミノ理論だ」と述べ、フランスが一番はじめに、「ノン」の声をあげれば、今後、国民投票を実施する国でも連鎖的に否決されていく……と予言した。

この予言は的中したかのように見える。先に述べたとおり六月一日には自由と寛容の国、オランダでも、欧州憲法の批准が否決された。国民投票の実施を決めていた英国やデンマークなど他のEU諸国は、国民投票の凍結を決定した。

◆国民投票を選んだシラク大統領の思惑

そもそも、フランスで欧州憲法を国民投票にかける必要はなかった。批准するには ①国民投票、②国会の承認という二つの手段があり、どちらかを選べばよい。フランスの国会では、九〇%以上の議員が批准に賛成しており、仮に議会による賛成によって批准の手続きをすすめていれば、すんなりとコトは運んでいたのである。

「フランス人に『ウィ』か『ノン』か聞いたら、『ノン』って答える国民性なのに、なんでわざわざ国民投票にかけるのか」。反対派が勢いを増す中、憲法に賛成しているパリ在住の女性はこう不満を漏らした。

シラク大統領は二〇〇四年夏、批准の是非は国民投票によって決める……と宣言し、二〇〇五年に入ってから五月二九日に投票……という日程を示した。

なぜ、国会による議決という確実な方法を避けてまで、国民投票に固執したのであろうか。それには、権力をめぐるシラク大統領の思惑が絡んでくる。

シラク氏がフランス共和国の大統領に就いたのは、九五年のことだ。社会党の候補、リオネル

＝ジョスパン氏を破って当選を果たした。それは念願の席だった。当時首相だったシラク氏は八八年にも大統領選挙に出て、フランソワ＝ミッテラン大統領（当時）に惨敗していたからだ。二〇〇二年の大統領選挙でシラク氏は再選した。それまで七年だった大統領の任期は五年になり、次期大統領選挙は二〇〇七年に行われる。二〇〇四年の時点でシラク大統領は三選の機会を窺っていた。欧州憲法に対する国民の支持は、二〇〇五年の三月半ばまでずっと、反対を上回っていた。しかも主要政党は賛成にまわっていた。国民投票にかけても批准されるだろうと、エリゼ宮の人々は考えた。もしも、国民の支持によって欧州憲法が批准されれば、三選の契機になるとシラク大統領は判断した。

しかし、シラク氏の賭けは失敗した。国民投票後、シラク氏が三選する可能性は事実上、消えた。それどころか、極右のルペン氏などから「大統領は辞任すべきだ」と突きつけられるなど、残りの任期二年、安定した政権運営ができるのかどうか……危ぶむ声が出た。

投票後の翌日には、日刊紙『パリジアン』(*1)は「シラク大統領は間違いなく、想像していた以上に厳しい残りの任期を過ごすことになろう」と解説した。

*1 『パリジアン』――一九四四年に創刊された夕刊紙で、軽いノリの紙面になっている。発行部数は約五〇万部。

傷を最小限に留めるためであろう、二〇％台と支持率が低迷していたジャンピエール＝ラファラン首相を更迭して、後任の首相に側近中の側近、ドミニク＝ドヴィルパン内務大臣をあてた。注目すべきは、内相にニコラ＝サルコジUMP党首をあてたことだ。サルコジ氏は国民から人気が高い政治家だが、九五年の大統領選挙ではシラク大統領の対抗馬だったエドゥアール＝バラデュール首相（当時）を支援し、それ以来、シラク氏から疎んじられている。二〇〇四年、サルコジ氏がUMP党首に就任するにあたり、シラク氏は財務大臣を辞めることを条件に、党首就任を認めた経緯がある。わずか半年で内閣に再び帰ってくることになったわけだが、天敵の協力をも仰がなければならないまでに、政権が弱体化したの現れだろう。

◆社会党は賛成・反対に分裂

さて、シラク政権の弱体化について言及したが、最大野党の社会党もまた分裂の危機を抱えてしまった。

フランソワ＝オランド第一書記（党首）やパリ市長を務めるベルトラン＝ドラノエ市長、リオネル＝ジョスパン元首相といった党重鎮はこぞって欧州憲法批准賛成の先頭に立った。しかし、社会党ナンバー2といわれていたローラン＝ファビウス元首相やアンリ＝エマニュエリ国民議会議員といった社会党の有名政治家や、ミッテラン前大統領の正妻のダニエル＝ミッテラン氏が反対にまわったのだ。

ファビウス氏は反対の理由を次のように語った。

「欧州憲法に私たちは従わなければならない。（憲法が発効された）欧州では雇用と社会進歩を重視する左派的な政治の実施は極めて困難になる。」

「今回の選択は社会福祉的なヨーロッパか、自由主義経済的なヨーロッパか……という選択だ。

(今日とは違う) 明日の世界を用意するためには今日、『ノン』に投票する必要がある。」

ダニエル＝ミッテランさんも次のように語っている。

「この憲法は私たちが望まない独裁を制度化する。つまり、市場による独裁だ。この制度では、人間は経済的な対象物として扱われる。よりひどい貧困がもたらされ、失業が発生し、空気や水の汚染が進む。」

欧州憲法には、「競争が自由でゆがめられない域内市場を市民に提供する」こと、「高い競争力を持つ社会的市場経済」という文言があることから、社会福祉国家を構築してきたフランスにおいて、英米型の市場主義が持ち込まれるのでは……との懸念が根強かった。

欧州憲法反対に回ったアンリ＝エマニュエリ(Henri Emmanuelli) 議員。1945 年 5 月 31 日生まれ。ミッテラン前大統領の側近中の側近といわれた社会党のベテラン人物で、1978 年から国民議会議員を務めている。1994 年～ 95 年の 1 年間だけ、社会党第一書記（党首）を務める。

建設中のマクドナルドを解体し逮捕・服役したことで世界に名をはせた反グローバリズム運動家のジョゼ＝ボベ氏も次のように語る。

「この憲法で提案されているのは、けっきょくのところ、自由貿易経済の枠内でヨーロッパの関わりをより大きくするものでしかない。」

「たとえば世界貿易機関や世界銀行と交渉

することにより、南世界の国々が借金を帳消しするのを憲法が認めるならば、南世界の国々を助けることになろう。現実には、世界貿易機関は国々の関係は調整するけれど、多国籍企業には何の規制もかけない。」

貧富を広げ、南世界を苦しめる自由貿易経済を、憲法が認めているから、反対だとボベ氏は述べているわけだ。

◆社会党の五九％がノンに投票

一方、賛成派のドラノエ氏はパリ市民あての手紙で、「この憲法では、社会進歩、完全雇用、男女の平等、持続可能な開発が銘記されている」と反論し、雇用の安定化がむしろ、進むと強調した。

社会党第一書記のオランド氏も同党が作成したチラシの中で、「私は確信をもって賛成する。なぜなら、この憲法はヨーロッパ建設の未来へとつながる新しい行程だからだ。憲法では初めて、基本的人権を定めた憲章がつき、公共サービスが認められ、組合の役割が是認されている」と述べている。

反対派は雇用が失われるといい、賛成派はむしろ雇用が促進される……と正反対のことを述べた。

社会党支援者は反対、賛成のどちらの意見に傾いたのであろうか。

日刊紙『ルモンド』（Le Monde）の委託をうけた調査機関が投票日に実施したフランス人有

権者一五〇〇人を対象にしたアンケートに依れば、五九％の社会党支援者が「ノン」に投票し、賛成票の四一％を大きく上回った。

同調査によれば、反対の理由として四六％の人が「失業をもたらす」と述べ、三四％の人が「この憲法はリベラルすぎる（自由経済主義に傾きすぎている）」と答えた。

失業への不安・失業による反発が欧州憲法への拒否感を強めたことは確かであろう。その証拠に失業率が高い地域ほど反対票が多かった。さらに、IPSOSが行った調査によれば、現場労働者（Ouvriers）の七九％、失業者の七一％、農業従事者の七〇％、一般労働者（Employés）の六七％が反対票を投じたという。

3　欧州憲法に反対する勢力

◆「欧州憲法への『ノン』はトルコのEU加盟への『ノン』だ」

極左・左翼にも右翼・極右にも憲法に反対する政治勢力はいた。

中でももっとも活発だったのが、フィリップ＝ドヴィリエ（Philippe De Villiers）欧州議会議員が党首をつとめる右翼政党「フランスのための運動」（Mouvement pour la France）（MPF）だ。ドヴィリエ氏が、初めて注目されたのは一九九四年のことである。反欧州統合派のリスト「別のヨーロッパのための多数派」（Majorité pour l'Autre Europe）を率いて欧州議会選挙に臨み、フランス全土で上位から三番目の二四〇万四一〇五票（一二・三四％）を得て一三議席を獲得し

「憲法へのノンは、トルコへのノン」――「フランスのための運動」ポスター

た。一九九四年には移民の停止、治安の改善、政治腐敗の一掃を掲げて「フランスのための運動」を結成した。しかしながら、極右政党の老舗「国民戦線」の陰に霞み、党勢はずっと低迷していた。九五年のフランス大統領選挙にドヴィリエ氏が出馬したものの、公費助成のラインとなる五％を下回るわずか四・七％の票を得たのみ。二〇〇四年の欧州議会選挙（比例代表制）では、国民戦線が七議席獲得したのに対し、フランス運動が得たのは三議席だった。MPFは上院議員三人、国民議会議員一人、欧州議会議員三人という小規模の政党に過ぎなかった。

ところが、欧州憲法に反対するキャンペーンで、町中に大量にポスターを掲示し、党首自らマスメディアに積極的に出演するなどハデなキャンペーンを展開、一躍、脚光を浴びるようになった。欧州で反発の根強いトルコのEU加盟問題を全面に出し、「憲法へのノンは、トルコへのノンだ」と訴えるやりかたは巧みだった。

「二〇〇四年一〇月、シラク大統領はフランスの首相・外相とそろって欧州憲法の批准の手続きを始めるとローマで署名した。その数分後、同じ席で同じペンをつかって、トルコの首相が欧州加入の手続きにサインをした。欧州憲法とトルコ加盟が一体であることを示している。」

ドヴィリエ氏はローマでサインするフランス首脳とトルコ首脳の写真を並べたチラシを作成し、「これが証拠だ」と繰り返し主張した。パリの町中には「トルコにノン」と書かれた彼らのポスターが張りめぐらされた。

ドヴィリエ氏はほかにも、移民・治安・道徳などをめぐり、物議を醸す発言をしている。

「（欧州憲法が批准されたら）ポーランドの配管工がフランスに流入してくる。」

「死刑制度の復活を問う必要がある。」

「フランスのイスラム協議会はイスラム原理主義の影響下にある国と直接結びついた機関だ。強大すぎる。」

「同性結婚は自由への挑戦であり、結婚のまがいもの。社会を解体しようとするもくろみ、伝統の破壊を目的とする左翼の典型的な手法だ。」

◆五〇〇〇人が参加した集会

「フランスのための運動」（ＭＰＦ）がパリ市内で開いた欧州憲法に反対する集会には五〇〇〇人の人が参加した。会場の外には、安全上の配慮から入ることができなかった支援者があふれていた。五〇〇人以上の国会議員を持つ与党ＵＭＰのニコラ＝サルコジ党首が別の日に同じ会場で開いた集会の参加者は四〇〇〇人、国民戦線の決起集会は一〇〇〇人であったから、他陣営を圧倒する運動であった。「こんな弱小組織でＵＭＰよりすごいことをやったんだから、信じられな

ギヨーム＝ペルティエ（Guillaume Peltier）。1976年8月27日生まれ。19歳だった1995年大統領選挙で、各陣営の演説を聞きに行き、ルペン党首にもっとも惹かれ、国民戦線に参加する。1996年〜97年まで、国民戦線・青年部の代表を務める。1999年にブルノー＝メグレ氏と共に国民戦線を離脱、しかし、メグレ氏にも見切りをつけ、2001年に「フランスのための運動」（MPF）に加入する。2004年から同党書記長を務めている。

いよ」。国民戦線を離脱してＭＰＦに参加したギヨーム＝ペルティエ書記長（二八歳、当時）は感動をこう語った。彼らの運動は功を奏した。かつてトルコ加盟を支持したシラク大統領は一転して、消極的な発言を繰り返すようになった。

国民投票がフランスで実施される二週間前から、毎日、関連の集会に私は足を運んだが、中でも印象的だったのが、ＭＰＦが五月二一日にパリ市内で開いた集会だった。

演説会が始まる前、五〇〇〇人収容できる薄暗い会場には大音響でダンス・ミュージックがかけられていた。青色や赤色のライトがぐるぐる回わり、大きなフランス国旗を振る人もあれば、「Ｎｏｎ」と書いたプラカードや、ＭＰＦの党首、フィリップ＝ドヴィリエの笑顔が写ったポスターを頭上に掲げている人もおり、「Ｎｏｎ」と朱色で書かれたおそろいのＴシャツを着ている二〇代男女の一団は歌いながら音楽に合わせて無邪気に踊っていた。

まるで、サッカーの試合が始まるスタジオのようだった。

会場の中を歩きながら、聴衆の顔を見ていくと、白人しか見あたらない。黒人もアラブ系も東洋系の顔もない。人種のるつぼであるフランスでは、異様な風景だった。

◆ドヴィリエ党首が派手な演出で登場

同集会には欧州憲法に反対する欧州連合加盟国の欧州議会議員が一〇人近く招かれた。彼らは自国の言葉や英語で反対の演説をし、通訳がそれをフランス語に訳した。その後、ペルティエ書記長が登壇しアジテートし、会場を興奮させた。

それから、「これはスクープです」というビデオが流された。

巨大スクリーンにシラク大統領の顔が映し出される。ブーイングが会場からあがる。欧州憲法の批准を訴えてテレビ番組に出演したときの映像で、シラク氏は「私は生まれたときから、自分がヨーロッパ人であると思ってきました」といった。その後で、若き日のシラク氏がヨーロッパ統合に反対して演説している映像が流される。そして、先のテレビ出演のコメントがまた流される。次に、別の機会に欧州統合を批判する若きシラク氏の映像が流される。これが何回も繰り返された。シラク氏が欧州統合に反対する過去の映像が繰り返し流されるものだから、最後には、会場から笑いが起きた。

そして、続いて流されたのが、ドヴィリエ氏が全国を駆け回り欧州憲法反対を訴える映像だ。バックミュージックがかかり、自家用飛行機に乗り、機内でヒゲを剃るドヴィリエ氏の忙しい姿が映し出される。「救国の士・ドヴィリエ」を上手く演出する見事なコマーシャル・フィルムだった。

映像が終わると司会者が出てきた。

「私たちは誰かを待っているわよね。そう、フィリップ＝ドヴィリエの入場です」

司会者がそう叫ぶと、入場のテーマ曲が大音量でなり始めた。会場の後方から大勢のカメラマンとレポーターに囲まれ、ライトを浴びたドヴィリエ氏がゆっくりとステージに向けて歩いてくる。通路側の席に座っている支援者と握手を交わしたり、抱き合ったり、両頬にキスを受けたり、コミュニケーションをしながら進む。観客は立ち上がり旗を一斉にふりながら主役の登場を祝っている。デジカメで写真を撮る者、仲間と肩をとって音楽にあわせて踊る者。会場の興奮は絶頂に達していた。

ドヴィリエ氏は登壇すると、マイクを足で挟み、両手をあげ、ピース・サインをした。
「すごい人の数だ。これは大波だ。『ノン』の潮が満ちている。我々は勝つぞ！」
ドヴィリエ氏がマイクを握るなり訴えると、会場は歓声と拍手に包まれた。彼の演説では、
「ＥＵ憲法の中には、『性的指向に基づく差別に対抗するために必要な措置を定めることができる』という箇所がある。これによって、同性カップルによる養子縁組が認められるかもしれな

い」

「もしも、憲法が批准されたら起こるのは次のような事態だ。フランス産業の海外移転・空洞化に伴う雇用の喪失（délocalisation）であり、規制緩和（déréglementation）であり、移民の流入（déferlante migratoire）だ」

「EU憲法への『ノン』はトルコのEU加盟への『ノン』だ」

という言葉が飛び出した。保守的な人間の気持ちを高ぶらせる、トルコ、同性愛、移民……といったキーワードを用いて、キャンペーンを継続した。その戦略は見事に成功した。

極右の伝統政党「国民戦線」の陰に埋もれ注目されることのなかった、上院・国民議会にあわせて四名しか所属議員を有しない弱小政党が、国民投票直後は連日、メディアで取り上げられた。二〇〇七年の大統領選挙で、ドヴィリエ氏が台風の目になるのでは……と分析する者もいる。同党によると、国民投票のキャンペーンで、六〇〇〇人近くの人々が入党したという。

◆ドヴィリエ人気の背景

ドヴィリエ氏の人気が急上昇したのには、いくつかの背景がある。一つは、極右支持層で抜群の人気とカリスマ性を備えていた「国民戦線」党首ジャンマリー＝ルペン氏の影響力の低下である。二〇〇二年の大統領選挙で決選投票まで進んだ御仁も二〇〇六年で七八歳、足腰が衰え耳も遠くなりジャーナリストの質問を聞き取れないなど、誰の目からも衰えは明らかだ。若年層の間で特に、ルペン氏からドヴィリエ氏への鞍替え組が目立っている。ドヴィリエ氏を支える若き美貌の書記長、ペルティィエ氏もその一人だ。

「フランスのための運動」の人気について、国民戦線にコメントを求めたところ、「フィリップ＝ドヴィリエと国民戦線の思想は近い。なぜならば、彼は我々のアイディアをパクっているからだ」と怒りの返答が広報からきた。「欧州憲法否決でドヴィリエはずいぶんトクをしたが、彼らの貢献はわずかなものに過ぎない。ノンが勝ったのは、国民戦線がいたからである。」

国民戦線は、「フランスのための運動」の支持基盤は、左翼勢力を嫌う「中小企業、カトリック教徒、田舎のブルジョア、小貴族出身の若者」であり、「しょせん与党の票を拾い集める存在にすぎない」と分析している。実際、欧州憲法を推進した保守政党の支援者内の統合懐疑派への浸透が、貴族出身のドヴィリエ氏の急浮上を支えている。

●「『極右』の暗躍でフランス 欧州憲法批准を否決」（2005年6月2日付）

欧州憲法条約の批准の賛否を問う国民投票がフランスで五月二九日実施され、事前の世論調査通りに反対票が約五五％と過半数に達し、批准は見送られることになった。この結果を左派系日刊紙『リベラシオン』は「極右の勝利」と報じ、『フィガロ』紙も否決の背景には極右勢力の活躍が大きく影響したとの見方だ。

極右の大物ジャンマリー＝ルペン「国民戦線」党首（当時、七六歳）は二九日の会見で「国のトップに立つ資格はシラク大統領にはない」と述べて辞職を迫った。極右の新リーダーとして一躍注目を浴びる政党「フランスのための運動」（ＭＰＦ）のフィリップ＝ドヴィリエ党首（当時、五五歳）も同日、「もし、私が立ち上がらなかったら、（反対票を投じた）穏健な保守層は僅かだっただろう」と運動の成果を自信満々に表明、「批准否決でフランス人の間で反発の強いトルコのＥＵ加盟問題を防げる」と強調した戦略を自画自賛した。

欧州憲法は加盟国二五カ国すべてが批准してはじめて発効される。ドヴィリエ氏はキャンペーン中、「初めに『ノン』をいうことで、条約を修正する際に主導権をとれる」と主張した。フランスに続き、今後国民投票を実施する国々で反対派が勢いづき勝利すれば、フランスをはじめとする極右の目論見通り、欧州憲法は廃棄ないし全面見直しに追い込まれる公算が大きい。

（及川健二、『週刊金曜日』）

——六月一日にオランダで行われた欧州憲法の是非をめぐる国民投票でも、六二・八％という投票率で反対票が六一・六％にまで達し、票差は約一七六万票と大差がついた。国民投票を予定していた他の欧州諸国は次々と見送りを決定し、欧州憲法は事実上、頓挫した。私は五月二九日の投票日夜、パリ郊外にある国民戦線の本部にまず足を運んだ。パーティーに使われることもある広い会場に支持者がつめかけ、ワインやシャンパンが出され、皆、勝利の酔いに興じている。テレビでは事前調査で否決が明らかであることが報じられ、各テレビ局が特別番組を組んでいた。

私はジャン＝マリー＝ルペン党首による声明を聞きたかったのだが、その少し後に、フィリップ＝ドヴィリエ氏の勝利会見がパリ市内で予定されていたので、そちらに移動した。

◆「もはや、欧州憲法は存在しない」

ドヴィリエ陣営の会場には反対運動の中心となった若者が大勢詰めかけ、ワインやシャンパン、ビールを飲み、コンパのような盛り上がりになり騒いでいる。政治の集会というよりは、学生の夜のパーティーに来たような気分だった。

あるテレビ局がドヴィリエ陣営の様子を放映するため、レポーターがマイクを握り、カメラが回った。彼らの姿がテレビに映っていることを会場に設置されたテレビで確認すると若者は騒ぎだし、テレビに映ろうとレポーターの後ろに殺到し狂乱した。

放映が終わるとレポーターはため息混じりで報道用の座席についた。

会場のテレビを見ていると、ニコラ＝サルコジ国民運動連合党首やフランソワ＝オランド社会党・第一書記（党首）の敗北記者会見が放送された。その後で、ジャンマリー＝ルペン氏の姿が映し出された。会場の若者は湧いた。ルペン氏はこれから声明を読み上げるところだった。しかし、チャンネルが変えられ、別の番組になった。支持者は「なんでだよー」と文句をいう。支援者がかぶるから、ルペン党首の演説を党側は聴かせたくなかったのだろう。

何分かすると討論番組にドヴィリエ氏が登場し、しゃべっている姿が映し出された。「これから、記者会見をする人がいまテレビに出ていて、いったいいつ会場にくるんじゃい？」と私は思った。しかし、二〇分くらいすると、ドヴィリエ氏がやってきた。

入場する前にドヴィリエ氏のテーマ曲であるテクノ音楽が会場にかけられた。若者がそれにあわせ、「ドヴィリエ、ドヴィリエ」と拍手を始める。若者をかき分けながらドヴィリエ氏は登場し、演壇に立った。

会場は歓声と拍手で包まれる。ドヴィリエ氏は両手をあげＶサインをし、反対運動の担当者である同党ナンバー２のギヨーム＝ペルティエ氏と抱き合った。

ドヴィリエ氏は演説を始めようとする。しかし、若者の騒ぎが収まらず、演説を始められない。笑顔でドヴィリエ氏は静粛にするよう人差し指を口にあてた。

「おい、俺が話せないじゃないか。もう少し、静かにしてくれよ」

会場が静まるや彼の演説は始まった。

「これは私たち『フランスのための運動』が勝ちとった勝利だ。」

「もはや、欧州憲法は存在しない。多数の人々が『ノン』をつきつけたからだ。今のものとは異なる基盤に基づく欧州を再構築するときが来た。」

ドヴィリエ氏は拳を振り上げて高らかに宣言した。

演説は一〇分ぐらいで終わり、別室にうつり記者団の質問をうけた後で、ドヴィリエ氏は会場をあとにした。会場に戻ると若者たちが勝利に酔って、ダンス・ミュージックにあわせて踊りに興じている。政治集会をダンスで終わらせるというのは舞踏会という伝統を持つフランスらしい。国民戦線でもダンスパーティーが同じ時間帯に催された。

ダンスで締めくくる政治集会

欧州憲法によって、左派陣営は分裂し、欧州憲法を進めてきたシラク与党の勢いも削がれ、極右政党だけが元気づけられた。何とも皮肉な結果である。

4 欧州憲法否決のあとで

さて、これまで欧州憲法の前後の動きを書いてきたが、それ以降の政治情勢についてここでは論じたい。まず、欧州憲法に反対する立場をとった左派の間で、二〇〇七年の大統領選挙で統一候補を立てるべし、という意見が出てきた。そのひとつとして反グローバリズム運動のカリスマ、ジョゼ＝ボベ待望論がある。

●「反グローバル化の活動家ボベ氏を仏大統領選候補に　緑の党前代表が提唱」(2005年11月2日付)

フランス緑の党のジル＝ルーメル前代表(*1)は一一月一日付のフィガロ紙のインタビューで、反グローバリズムの闘士として世界的に有名なジョゼ＝ボベ氏を二〇〇七年に行われるフランス大統領選挙に環境派の代表として擁立すべきだと述べた。

ボベ氏はフランスの中小農家組合「農民同盟」の指導者。一九九九年、南仏で建設中だったマクドナルドの店舗をグローバル化の象徴として破壊し、禁固三カ月の実刑判決を受けた。その後も遺伝子組み換え技術研究のイネを抜き取ったとして禁固刑を科されるなどの過激な市民運動を展開し、フランス国内でも熱烈な支援者が多い。今年五月二九日に行われた欧州憲法の批准をめぐる国民投票では、左派・環境派の反対派リーダーとして先頭に経ち、数々の集会を開催してきた。

緑の党は、八四年に創設された環境保護政党で、九七年の総選挙で七議席を獲得。実質的指導者のドミニク＝ヴォワネ(＊2)が環境相として入閣（のち辞任）した。ルーメル氏は「ボベ氏ならば、本物のエコロジスト候補になるにちがいない」と期待を示している。

（及川健二、『日刊ベリタ』）

ジョゼ＝ボベ（José Bové）。1953年6月11日、生まれ。反グローバリズム運動の闘士として世界的に知られている。1995年7月、環境保護団体グリンピースの船「虹の戦士（Rainbow Warrior）2号」にフランス人として唯ひとり乗り込み、フランス領ポリネシア・ムルロア環礁でフランスの核実験に抗議。1999年8月、建設中だったマクドナルドをグローバリズムの象徴と見立て「解体」し、逮捕され実刑になり服役した。この事件でフランスの有名人になった。1999年11月のシアトルでのWTO（世界貿易機関）に反対するデモにも参加・活躍する。著書に『地球は売り物じゃない！――ジャンクフードと闘う農民たち』（紀伊國屋書店）がある。

＊1 ルーメル（Gilles Lemaire）――一九五一年一月二六日生まれ。二〇〇三年一月から〇五年一月まで、フランス緑の党・全国書記（党首）を務める。緑の党の方針に反して、欧州憲法には反対の立場をとった。

＊2 ヴォワネ（Dominique Voynet）――一九五八年一一月四日生まれ。二〇〇四年から上院議員。一九八四年に結成されたフランス緑の党の創立者の一人。二〇〇七年の大統領選挙には党員選挙の結果、同党を代表して出馬することになった。ヴォワネ氏は九五年の大統領選挙にも緑の党から出馬し三・八％の票を獲得、一九九七年六月から二〇〇一年七月まで、環境相を務めた。

――しかし、統一候補の動きは事実上、とまっている。二〇〇五年の一二月には、欧州憲法に反対した極左政党「労働者の闘い」アルレット＝ラギエ党首が出馬を表明した。

●「仏極左政党党首が大統領選出馬宣言」（2005年12月7日付）

フランスの極左政党「労働者の闘い」のアルレット＝ラギエ党首（六五歳、当時）が一二月五日、二〇〇七年に予定されている大統領選挙に出馬すると宣言した。

欧州憲法が国民投票によって否決されて以降、左派統一候補として反グローバリズム活動家のジョゼ＝ボベ氏を推す声が出ていたが、「その案はすでに死んだ。もう遅すぎる」（緑の党・議員）という声も出るなど事実上頓挫した格好だ。

「労働者の闘い」はトロツキストを掲げる政党で、いまだにプロレタリア独裁をめざす。

ラギエ党首は定年退職するまで銀行の受付員として働いてきた庶民的キャラクターが好感を

よんでいる。一九七四年の大統領選挙に出馬して以来、毎回必ず立候補しており、今回で六回目の挑戦となる。知名度は抜群で二〇〇二年の大統領選挙では緑の党や共産党候補をしのぐ五・七二％の得票を得た。

（及川健二、『日刊ベリタ』）

――ラギエ氏の出馬によって、左派統一候補構想はほぼ破綻したといえる。一方、分裂の危機を抱えている社会党だが、二〇〇五年一一月に行われた党大会で、欧州憲法・賛成派と反対派が和解し、今後、協力して党運営に当たることが確認された。分裂の危機は、とりあえずは回避された。また、党内に大統領選挙に出られる人気政治家がおらず、人材不足が嘆かれていたが、二〇〇六年に入ってから、社会党のセゴレーヌ＝ロワイヤル国民議会議員の人気が急上昇し、フランスで一、二位を争う人気政治家となった。それぞれの勢力がそれぞれの思惑を持っているにせよ、社会党は政権奪取に向け一丸となっている。

第５章　欧州憲法拒否の立役者――ドヴィリエ・インタビュー

二〇〇六年六月二七日、聞き手・及川健二

◆欧州憲法は廃案に持ち込む

――ＥＵ憲法条約をめぐる国民投票でフランスは「ノン」（Ｎｏｎ）を表明しました。ただし反対派には左右両陣営があり、必ずしも「フランスのための運動」（ＭＰＦ）の勝利ではないとの見方もありますが。

ドヴィリエ　憲法へのノンは確かに雑多です。ただ、社会党、シラク与党のＵＭＰ、コルシカ島の独立派、同性愛者やイスラムのロビー団体が寄せ集まった賛成派ほどではありませんが……。ひとついえることは、この「ノン」は、右翼でも左翼でもなく、何よりもフランス国民の「ノン」だということです。その中で、我々「フランスのための行動」は大きな位置を占めています。ノンといったフランス人は根源的なところで一致しており、問題の核心は国家の主権（souveraineté nationale）です。つまり、テクノクラートが支配するヨーロッパ、欧州官僚への中央集権、失業、トルコの加盟にノンということにより、フランス人は自分たちの運命をブリュッセルの欧州委員会や世界主義といった試みに、委ねることを拒絶したのです。

――この投票結果を受けた今後の展開は？

ドヴィリエ　我々はフランス国民が示した「ノン」のダイナミズムに依拠して、国民・国家主権を何よりも尊重するこの運動をさらに発展させていきます。当面、我々に課された任務は、フランス国民の「ノン」を政府、大統領に尊重させ、それを具体的に実行させる事です。つまり、現在の欧州憲法を完全に廃案に追い込むということです。

私の立場は、国民・国家主権論です。従って欧州が、フランス共和国憲法を越えてはならない。ブリュッセル（欧州委員会）は諸国民を超えた権力の司令塔ではない。統合によって、フランスが欧州の地域圏になっていく連邦型の統合を私は拒絶します。欧州各国は、それぞれ独自の問題

フィリップ＝ドヴィリエ（Philippe De Villiers）。政党「フランスのための運動」（MPF）党首、欧州議会議員。1949年5月25日、ヴァンデ県で貴族の家系として生まれる。1986年に国民議会議員に初当選。1994年までフランス民主連合（UDF）に所属した後、94年に「フランスのための運動」を結成し、欧州統合に反対する運動を展開。1995年のフランス大統領選挙に出馬するものの、わずか4.7%の票を得ただけで落選。2004年から欧州議会議員を務めている。

を抱えているが、それらは、各国レベルで解決されるべきです。通貨・税制などの統合化は、諸国民にとって既に大きな負担となっています。

——憲法条約には、同性愛者などの権利を保護する条項があります。キャンペーン中、この条項を強く攻撃していましたが何故でしょうか。

ドヴィリエ　私は、同性愛に対する差別主義者ではありません。少数者を保護する条項自体には、何の問題もありません。ただ、そこから派生してくるものに重大な問題がある。例えば、「同性愛者のカップルが養子を迎える権利を認めよ！」と主張する人々がいますが、これには議論の余地がある。幼児・子どもたちには、男性の父親（パパ）と女性の母親（ママン）が必要だと私は考えているわけです。これは、フランス国民世論の大半でもあります。

◆「アパートの戸締まりは」国家としての常識だ

——移民対策についても、重大な欠陥があるとおっしゃっていますね。

ドヴィリエ　憲法条約は、ブリュッセルに移民問題の全権を与え、事実上コントロールの効かない移民対策に陥る危険性があります。例えば、賛成派にはＥＵにトルコが加盟すれば、欧州人口の高齢化を緩和し、欧州社会の活性化を促すといった意見がありました。これには、移民を奨励するという伏線があり、私は仰天しましたよ。

アパートの建物をＥＵ圏に例えれば、それぞれのアパート住民はＥＵ諸国民です。アパートのドアを開けたままにしておく住民がいるでしょうか。戸締りをするのは常識です。もちろんこれは国家主権に属する問題ですが、ＥＵレベルでの対策が必要なのに、その防壁は極めて低い。ある調査によると、四七％のトルコ人が、二年以内にＥＵ圏内で働きたいと答えたといいます。この数字は、潜在的に膨大な密入国者数を推測させるものです。今後トルコの加盟がどうなるかは微妙なところですが、同国が、歴史的にも、地理的にも、文化的にも、決して欧州ではない……ということが問題なのです。

ＥＵ主要各国の国民多数が、トルコ加盟に反対しています。トルコは人口面では、近い将来一億人を抱える巨大な国になり、ＥＵに加盟し、人口比で欧州諸機関の議席数を考慮すれば、ＥＵの中で、ドイツ以上の強力な発言権を持つ事になります。交渉を開始して、一〇数年後に加盟拒否という事態になるよりも、今のうちに、はっきりとトルコ加盟に「ノン」といっておくことが、同国に対する信義でもあり、礼儀というものでしょう。

――サービスの輸出国原則（圏内に派遣された労働者が派遣元の国の基準で雇用されるという原則。低賃金労働者の流入により社会的ダンピングが起きると非難された）を主な内容とする指令案を指して、「（発案者の）ボルケスタインはフランケンシュタインだ。我々の社会を死に追いやる化け物だ」と非難していましたが。

ドヴィリエ　指令の撤回を、シラクは約束しましたが、まだ廃棄されていない。首を切られたアヒルのようにまだ這いずり回っている。この指令はフランス国民が作り上げてきた社会モデルを破壊するものですよ。

◆国民・国家主権の下に来る欧州を追求

――あなたが求める欧州とはどういうものか。

ドヴィリエ　「フランスのための運動」は国民・国家主権と民主主義を尊重する欧州の協力と共同を訴える運動です。欧州憲法ではなく、国民・国家主権の下に来る条約による欧州の緩やかな統合（協同と協力）を支持するだけでなく、主要な問題は国レベルで解決していく、そのような欧州を積極的に追及しています。

――二〇〇七年の大統領選に出馬の意志は？

ドヴィリエ　大統領選挙は、いつもフランス国内の問題だけが、争点になってきましたが、今回の「ノン」は状況を一変させた。欧州の未来とフランスの有り様が問われるかもしれない。欧州問題が中心に争われれば、大統領選挙が二回目の国民投票という様相を当然、帯びてくるでしょう。未だ二年先（インタビュー時）の話ですから何ともいえませんが、「フランスのための運動」の考え・哲学が国民の求めるものに合えば、私が立候補することもやぶさかではありません。

（『SAPIO』二〇〇五年七月二七日号）

ドヴィリエ氏は二〇〇五年九月一一日に大統領選挙への出馬を正式に表明した。二〇〇七年大統領選挙で、彼が台風の目になるのか。いまから、目が離せない。

●「右翼政党のドヴィリエ党首が出馬へ」（2005年9月9日付）

欧州憲法反対の激しい全国的運動で注目された右翼政党「フランスのための運動」のフィリップ・ドヴィリエ党首が二〇〇七年のフランス大統領選挙に出馬する意志を固めた。批准反対票を投じた有権者の受け皿になることをめざし、同氏は九月一一日に同党主催の「夏期大学」集会で出馬を正式表明する予定だ。

ドヴィリエ氏の他に出馬表明しているのは、極右政党「国民戦線」ジャンマリー＝ルペン党首のみ。ドミニク＝ドヴィルパン首相は不出馬を表明している。いまだに欧州憲法批准をめぐる国民投票の敗北のショックから立ち直れない既存政党を後目に、極右のカリスマの二氏は着々と準備を進めている。

(及川健二、『日刊ベリタ』)

第3部　次期フランス大統領は？

第6章　ニコラ＝サルコジの危険な思想

1　サルコジとは

◆「相撲は知的なスポーツではない」

フランスの有力・次期大統領候補のニコラ＝サルコジ（Nicolas Sarkozy）内務大臣をあなたは御存知だろうか。フランスではその動向が毎日のように報じられる重要政治家で、現政権与党・国民運動連合（UMP）の党首を務めている。ひょっとしたら、「相撲は知的なスポーツではない」という暴言を吐いたフランス政治家として記憶している人もいるかもしれない。彼は二〇〇四年に中国を訪れた際、こう発言したと報道されている。

「なでつけたポニーテールの太った男同士が戦うことに、誰がそんなに魅了されるのか」

「東京は息が詰まる。京都も何が素晴らしいのか分からない。有名な庭園も陰気だった」

訪日回数・四五回（二〇〇六年九月時点）で、大の日本贔屓《びいき》で相撲好きのシラク大統領をあてこすった発言であることは間違い。

サルコジ内相は一九五五年一月二八日にパリ一七区で生まれた。父親はハンガリーにいくつもの領地や城を一つ所有する貴族で、サルコジ氏はハンガリー系の移民二世になる。

サルコジ氏が政界入りしたのは一九七七年でその年、パリ市を含むイルド・フランス地方圏にある人口約六万人の街、ヌイイーシュルセーヌの市議になると同時に、国民運動連合の前身である保守政党・共和国連合（ＲＰＲ）中央委員会のメンバーになる。一九七八〜七九年は共和国連合・青年部の全国代理を務め、一九七九年〜一九八一年は同党・全国青年委員会の代表を務める。一九八三年にはヌイイーシュルセーヌの市長とイルド・フランス地方圏議会議員に当選して（フランスでは市長と地方議会議員や国会議員の兼職は認められている）、地方県議会議員は一九八八年まで、市長は二〇〇二年まで続ける。一九八八年には国民議会（下院）議員に初当選して国政入りを果たし、共和国連合の重要ポストである全国書記に選出され、若手幹部として注目を集める。

ニコラ＝サルコジ内相

一九九三年三月に予算大臣と政府のスポークスマンとして初入閣し、一九九五年一月まで務める。一九九五年大統領選挙ではジャック＝シラク氏のライバルである同じ保守系候補として出馬したエドゥアール＝バラデュール首相（当時）を応援した。

サルコジ氏は二〇〇二年五月〜二〇〇四年三月まで治安・警察を担当する内務大臣に就任する。彼が就任した二〇〇二年五月はジャック＝シラク大統領が極右のジャンマリー＝ルペン「国民戦線」党首を大差で破り再選した月で、それにあわせて発足したジャンピエール＝ラファラン内閣の看板閣僚として入閣した。サルコジ氏が脚光を浴びメディアで頻繁に登場するのは、内相を務めてからである。

◆治安回復のためのサルコジ法が成立

サルコジ内務大臣の使命はハッキリしていた。大統領選挙では極右が治安回復を声高に主張し、シラク大統領も左翼候補・リオネル＝ジョスパン首相（当時）に対する攻撃材料として治安を持ち出し、左翼政権では治安は保たれないと国民の危機感を煽った。

なるほど、確かに一九八一年から二〇〇一年までの二〇年間に、犯罪件数は四〇％も増加していた。特にジョスパン首相の左派連立内閣下にあった一九九七年から二〇〇一年までの五年間は、犯罪件数が年平均一六％の勢いで増加した。ジョスパン内閣では、「無罪推定法」が成立し、犯罪の容疑者の人権も尊重された結果、一旦捕捉された容疑者が簡単に釈放されて再び犯罪を重ねる例が後を絶たなかった。二〇〇一年には、警察官が犯罪者に撃たれ殉職する事件が多発して、秋には全国各地で警察官の大規模な抗議デモが起きた。

極右のジャンマリー＝ルペン氏が第一回投票でジョスパン候補を退け二位につけて決選投票に進めたのは、「治安」が重要課題として取り扱われたことが一つの要因である。死刑復活を含む犯罪への厳罰化・警察権力の強化を訴えたルペン氏が、治安が争点となってもっとも恩恵を受けた候補者だといえよう。

サルコジ内相の課題は、シラク大統領が公約した治安の回復と移民規制であった。極右の台頭を抑えるためにも、二つの課題は重視された。

サルコジ内相は就任からわずか八カ月で、犯罪率を四・五五％減らし、事件の解決率を八・三％向上させた。さらに二〇〇二年一〇月二三日には、治安活動の効率改善、治安の回復に寄与する公職にある者の権限・職能を強化し、併せてこうした公職に従事する者とその家族の最善の保護を保障することなどを中心内容とする「国内治安のための法案」（通称・サルコジ法）をサルコジ内相は閣議に提出し了承を得られ、両院で審議され成立した。二〇〇三年三月にサルコジ法（Loi pour la sécurité intérieure）は施行される。

◆売春婦の客引き・ホームレスの物乞いを禁止

同法で注目されたのはまず売春に関する条項である。同法では、報酬の見返りとして性的関係を勧誘する行為（客引き）は、二カ月の拘禁刑及び三七五〇ユーロ（約五〇万円）の罰金が科せられるようになった。フランスでは街娼が公道で客引きするのは名物であり、パリ西部にあるブローニュの森は夜、街娼・男娼が数多く立ち、客引きをする場所として知られていた。しかし、サルコジ法によって、街娼の姿は街から消えることになった（とはいえ、明らかに売春婦と思われる人をパリ市内で見かけることがある。ただ、数は激減している）。

同法では物乞いに対する条項も注目された。サルコジ法によって、「攻撃的な物乞い又は獰猛な動物を使った物乞いを行った者」には、六カ月の拘禁刑及び三七五〇ユーロ（約五〇万円）の罰金に処すことになった。また、人に物乞い行為をさせ、それを搾取した者は、三年の拘禁刑及び四万五〇〇〇ユーロ（約五九〇万円）の罰金に処し、さらに未成年者、障害者等々の社会的弱者に物乞いをさせ、搾取した者は、五年の拘禁刑及び七万五〇〇〇ユーロ（約一〇〇〇万円）の罰金に処すようになった。悪質な物乞いには厳罰をもって臨むというのがサルコジ法の特徴だ。

パリの物乞いは実に多く、街娼と同じくパリの名物であり、市内を歩き地下鉄にのれば必ず物乞いの一人や二人、見かけるだろう。物乞いは地下鉄の駅や路上で地べたに座って「御願いします」と金を求めるタイプや、地下鉄・郊外電車の車両に乗ってきて、自己紹介をして客ひとりひとりに「御願いします」といってお金をせびるタイプなどがいる。電車内に来るタイプは自らの窮状を大声で訴える。人生色々、窮状も色々で、彼／彼女らの演説を聞いて感心させられたこともある。「娘や妻がいるけれど失業中で、食うにも困っている。どうか食事をするためのお金をください」というのはよく聞く文句だった。パリ市民は小銭をカンパする人が少なくなく、貧乏人に対する市民の暖かさを感じさせられた。

◆犯罪発生件数を激減させ、上昇したサルコジ人気

最後に、サルコジ法の特筆すべき点は「若者による建物の占拠」に関する項目である。建物のホール、エレベーターなどの共有スペースに若者が集合することには、二カ月の拘禁刑が科されるようになった。建物の居住者の通行を妨げ、暴力又は脅迫の行為が伴う場合には、これに三七五〇ユーロ（約五〇万円）の罰金刑が加重される。パリの郊外《バンリュー》にある高層団地にタムロするよう

な不良・悪ガキをこの条項はターゲットにしている。

サルコジ法の効果はどうだったか。

二〇〇三年一月六月末日までの犯罪件数は次のようになった。パリ首都圏（イルド・フランス地方圏）における犯罪発生件数は、過去一五年間のうち最も低い「歴史的記録」を達成した。前年同期比で主な数字を挙げると、自動車の盗難が二三・六％減り、押し込み強盗が二二・八七％減少、暴力を伴う路上窃盗が一二・九％減と、のきなみ犯罪発生件数は減少した。さらにパリ市内（二〇区全域）での公共物の破壊行為が一一・六％減、地下鉄、国鉄及び首都圏高速交通網（郊外電車・ＲＥＲ）内における犯罪が一二％以上減少した。首都圏における半年間の犯罪が全体として九・一二％減少し、事件解決件数が一二・五％増加し、留置件数が一六・二％増加し、さらに起訴に持ち込んだ件数が一一・九％増加した。

数字に裏打ちされた治安回復はサルコジ氏を一気に信頼できる人気政治家へとおしあげた。

◆政党・国民運動連合の党首になったサルコジ

サルコジ内相の力量はお分かりいただけたと思う。

二〇〇四年三月三一日に行われた内閣改造でサルコジ氏は財務大臣に就任する。しかし、同年一一月二九日にはその職を辞すことになる。空席となった国民運動連合（ＵＭＰ）の党首の座につくことをサルコジ氏は希望したが、シラク大統領はその条件として大臣を辞めることをつきつけたから、わずか半年で財務大臣を辞めることになった。ＵＭＰでは党員が投票する党首選挙を実施し、サルコジ氏は八五・一％の票を得て、大勝した。

そして、サルコジ氏は一年もたたないうちにまた、内閣に戻ることになる。欧州憲法が国民投票によって否決された五月二九日、シラク大統領は当時のラファラン首相を更迭し、代わりに側近のドミニク＝ドヴィルパン氏を首相にあて、サルコジ氏は二〇〇五年五月三一日に内務大臣に再び任命された。

サルコジ内相の思想や政策に対してはフランスでは賛否両論だ。好きな人は大好き、嫌いな人は大嫌いという風に、国論を二分する政治家である。しかし、サルコジ氏が嫌いな人でもその実務能力に関しては認めざるをえない。石原慎太郎・都知事のような思想を持ち、田中康夫・前長野県知事のような行動力・実務能力を持った政治家がサルコジ氏だといえば、氏がどんなタイプだかお分かりいただけるだろうか。あるいは、人間ブルドーザー・田中角栄のフランス版といったところか。

◆サルコジ内相に対する痛烈な風刺

人気政治家の運命《さだめ》といえるが、彼はメディアでしばし風刺される。

フランスに滞在したことのある（或いはしている）人ならば一度くらいは、有料チャンネル「Canal Plus」局の無料時間帯に放映されている政治や社会を人形劇で風刺する「ギニョール」（Guignol）をみたことはあるだろう。シラク大統領やサルコジ内相、ドヴィルパン首相など実在人物を模した人形が演ずるコメディは人々を笑わせる。フランスでもっとも有名で人気がある番組の一つだ。

二〇〇五年一一月二三日に放映された「サルコジ二四時間」はサルコジ内相を痛烈に皮肉ったものだった。警察に二四時間密着する番組が日本でも年に何度か放映される。そのサルコジ氏密着バージョンがこれだ。サルコジ内相の人形は警察署内にいて電話の前に座っている。電話が鳴る。

「なんだって。街娼が売春しているだと!?　いますぐ行く」

サイレンを鳴らすパトカーに乗ってサルコジ人形は現場に駆けつけ、街娼を逮捕し獄に入れる。そして、また電話の前に戻る。

「なんだって。乞食が物乞いをしているだと!?　よし、いますぐ行く」とパトカーに乗ったサルコジ人形は現場に駆けつけ、路上生活者を逮捕し獄に入れる。

「なに、チンピラがルーレットをやっているだと!?　よし、いますぐ行く」

「なに、隣人がマリファナを吸っているだと!?　よし、いますぐ行く」

どんどん逮捕していき獄中には人が一杯になる。最後には、

「なに、ミニスカートを履いている女がいるだと!?　よし、いますぐ行く」

「なに、若者が数人でケバブを食べているだと!?　よし、いますぐ行く」

なんてむちゃくちゃなこともいいだす。

ケバブとは中東系の人々が経営するファーストフード店で食べられる肉料理のことだ。ケバブなんて食べるヤツは怪しいとサルコジ氏ならば思うだろうという皮肉が込められている。

最後は

「なに、間違い電話だと。オマエは誰だ。身分証明書は持っているのか？　よし、とにかく、いますぐ行く」

というオチで終わる。

サルコジ内相のもとで治安は回復した。しかし、負の面もあるのではないか……とこの番組は問いかける。サルコジ的警察国家の行く末をデフォルメしながら、その本質をよく描いている。

2　治安強化とサルコジ人気

●「フランス暴動と治安――警察への日ごろからの憎悪」（2005年11月30日付）

二〇〇五年一〇月二七日、警官の職務質問を受けた一五歳と一七歳の移民系少年二人が変電所に逃げ込み感電死した事件をキッカケにパリ郊外・セーヌサンドニ県を中心に発生した暴動は全国に広がった。若者は建物・車・バス・ゴミ箱に火をつけ、石や火焔瓶を投げて機動隊と衝突している。真夜中に街のあちこちで炎が吹き上がる映像は世界に報じられた。「これは戦争だ」という人もいる。歴史の香り漂うお洒落でエレガントな都・パリ……というイメージしか持たない人にとっては、この動乱は理解しがたいだろう。しかし、これもフランスの現実なのである。

カンヌ映画祭最優秀監督賞を受賞した『憎しみ』(haine) はまるで今回のパリ郊外・動乱を予言している。Amazon.co.jp のレビューから引用すると同映画は「パリ郊外の貧民の町で少年が警察から暴行を受けて瀕死状態になった。日頃から警察を嫉ましく思っていた青年が拳銃を拾ったことからやがて暴動への気運が高まる」というもの。同映画では、パリの郊外で若者が暴動を起こし、警官隊と激突した。暴動が起きてから映画を改めてＤＶＤで観ると、ノンフィクションであるかのような錯覚に私はとらわれた。それぐらいに、実際に起きた暴動と映画の暴動はよく似ている。同映画がつくられたのはちょうど暴動が起きる一〇年前の一九九五年だった。

二〇〇五年春、フランスのアカデミー賞といわれるセザール映画祭で監督賞・作品賞という最高の栄誉を独占したのは、中高層アパート群が立ち並びアフリカ系の移民が多く住む町として知られる暴動の発生地・サンドニ県を舞台にした『エスキーブ』(L'Esquive) だった。北アフリカのチュニジア出身の監督が、現地に住む高校生を起用してつくったこの映画では、「言葉の連打によるケンカ」と甘い恋愛物語が描かれる。同映画に登場する高校教室の風景は「華の都」しか知らない人には異様にうつるかもしれない。父親が監獄に入り母と二人の生活を続けるシャイな移民二世クリモ君が密かに心寄せる主人公の白人女性・リディアと白人の女教師をのぞいては、黒人・中東系・アジア系の人しかいないからだ。

同映画のラストシーンは、友人がお膳立てし、停車した車の中でクリモ君がリディアに恋を語ろうとするシーンだ。そこに突如パトカーが来て彼らをつまみ出し、職務質問と称した暴行をくわえる。

暴動が激化した背景の一つには警察に対する日頃からの憎悪がある。パリ市内で若者が警察官に突如、捕まえられ身体検査されるという光景を私は何度も見てきた。人権団体が警察の横暴として告発するぐらいに、持ち物検査・身分証チェックは日常化している。

▼日常化している警察官による持ち物検査

もっとも印象的だった持ち物検査は二〇〇五年三月三一日に見たものだ。その日の夜九時三〇分過ぎ、私はレ・アール駅のプラットホームで郊外電車B線を待っていた。発／到着を映し出すスクリーンを見ると、九時三五分に電車は到着するという。

男の警察官二人と女の警察官一人がゆっくりと、歩いてくるのが見えた。日頃からテロに備えているのか、駅構内を歩く警察官の姿をよく目にする。電車を待つ人々が座っている椅子の前で彼らは立ち止まった。そこには、高校生ぐらいの年齢の男の子と、恋人か女友達なのだろうか、おとなしそうな女の子が隣に座って、おしゃべりをしていた。

警察官は男の子に向かって、何かいった。「立て」だか、「来い」とでもいったのだろう。男子高校生は立ち、近くの壁に向かって両手をつけさせられた。心配そうに見守る女の子のほうを振り向き、脱力した感じの目で見つめて、軽く首を横に振った。「大丈夫だよ」と合図しているように見えた。

警察官の一人が、彼の持ち物検査を始めた。空港のボディー・チェックのように、ポケットの中にあるものを全部出させ、上半身から下半身まで、両手で触っていく。男の子はずっとだまり、終始、おとなしくしていた。別の警官は彼がもっていた鞄の中を開け、中身を調べている。

そのとき、電車が来た。わたしは乗り込み、彼らを再び見た。突然の理不尽に彼女は涙を流している。そして、男の子が警察官に、身分証明書らしき小さな紙をさしだし、警察官がそれを眺めている。パリに来てから、何度も見てきた光景が、その日もまた繰り返された。

▼暴動参加者を「社会のクズ・ゴロツキ」と罵ったサルコジ内相

治安のトップであるニコラ＝サルコジ内相は暴動に参加した若者を「人間のクズ」(racaille)「ゴロツキ」(voyou) と罵り「一掃する」と口にした。警官はサルコジ氏に倣って不審な若者をクズとしてしか見ない、だから、横暴な対応をとるのだろう。暴動に参加した若者の一人が日刊紙のインタビューで内相について「俺たちを人間扱いしていない」と批判した言葉には、積年の怨みが読みとれる。

失業・貧困・同化政策の失敗といった本質的問題を置いたまま、移民規制を強化することで人気を博し次期大統領といわれてきたサルコジ氏は暴動後、人気を落としている。調査会社・CSAが一一月二、三の両日、一八歳以上のフランス人一〇〇二人を対象に行った調査によれば、「鎮圧にばかり重きをおき、予防にはさほど力を注いでいない」「内務相としては刺激的な用語をしばし用いる」という問いにはそれぞれ六六％の回答者が同意、「治安の悪化に対して彼の行動は効果的だ」という問いには四八％の人が同意、五〇％は同意しないと応えた。対話でなく圧力を主張するサルコジ内相をフランス国民は批判し始めた。（及川健二、『社会新報』）

――この記事を書いた時点（二〇〇五年一一月上旬）では、サルコジ内相の支持率は一時的に落ちたものの、得意のパフォーマンスで人気は回復し、いまもフランスで一、二位を争う人気政治家だ。なかなか、しぶとい。

3　サルコジへの批判

◆「なぜを問いかけないサルコジ」――ヴェーリング「緑の党」党首

サルコジ内相のやり方は当然、左派から批判されている。彼に対する批判をここでは二つ紹介しよう。まず、ヤン＝ヴェーリング「緑の党」全国書記（党首）の声を紹介したい。一九七一年七月三日にストラスブールで生まれた同氏はイラストレーターでもあり、二〇〇五年一月に三三歳という若さで緑の党・全国書記に選出される。同氏に緑の党に入った理由を聞いたら、次のように応えた。

「私が緑の党に入党したのは一九八八年です。入党したときは一七歳でした。当時、緑の党が一番強かったのは私の地元ストラスブールだったのです。緑の党は、ブルターニュ同様アルザスで有名になり、選挙でもいい成績を残していました。私が入党したのは、緑の党がどんどん選挙でのびている時期でした。

私はもともと政治の世界に入りたいと思っていて、そのときに環境問題や今までなかったような新しい社会問題に目を向けている党に入りたいと思いました。その点で緑の党は私の考えにぴったりだったのです。」

三〇分ほどのインタビューのうち、暴動について私は一点、質問をした。そのやりとりを紹介する（聞き手・及川健二）。

——二〇〇五年秋、フランス各地の郊外を中心として若者による暴動・叛乱が起きましたね。暴動の本質的原因は何だと思いますか？

ヤン 郊外問題は新しい問題ではありません。フランスでは一九六〇年代に、大都市の周辺に、経済的に豊かでない人が安価に住める住宅をつくりました。それ以来四〇年間まったくそれは変わらず、それらの地区はますます貧しくなっています。同じ地区に経済的に問題のある人を住まわせると、排除と暴力をつくりだします。郊外問題は私たちにとっては暴力の問題ではなく、社会的排除の問題です。二〇〇七年の大統領選で勝ちたいニコラ＝サルコジ内務大臣は、暴力に対する唯一の解決法は抑圧だと皆に思いこませようとしています。警察をつかって、いわゆる「不良」をしめつけて。そして、彼は全く「なぜ」という問いかけをしていません。

ヤン＝ヴェーリング（Yann Wehrling）
「緑の党」全国書記（党首）

私たちは、まずこれらの地区が排除されないような手段を投入するのが解決策だと思います。公共サービスや交通を整備し、雇用問題にも取り組みます。若者にも手をさしのべなければなりません。それから、もっと包括的に町について考え直さねばなりません。裕福な地区、貧しい地区、ビジネス街のある中心などという考えをやめなければいけません。私たちは、これらすべてが混じり合っていなければならないと思います。同じ地区にオフィスもあれば、商店もあり、公共サービスもあり、住人には貧しい人も豊かな人もいて、というふうに混じり合っているのが理想です。混じり合っていないと、今日のような問題が起きるのです。私たちは、郊外問題は二〇年、二五年かけてじっくり取り組んでいかなければならない問題だと思っています。

◆「成り行き任せの行動は危険だ」——マメール議員（緑の党）

次に紹介するのは、行動する環境派として知られ、二〇〇二年大統領選挙に緑の党の候補者として出馬・善戦したノエル＝マメール国民議会議員（緑の党）の意見だ。

——郊外の暴動の主たる原因は何だとお考えですか。

マメール　暴動の主要な原因を理解するのは簡単です。原因は差別にあります。今日、わが国には、移民出身の若いフランス人がおり、国内におけるよそ者と見なされているのです。なぜなら、彼らはノエル、マルセル、アントワーヌといったフランス人の名前ではなく、北アフリカやブラック・アフリカの旧植民地系の名前であり、彼らの肌の色、名前、出身が差別の要因となっているのです。これは耐えがたいことです。フランスでは、フランス人の若者一人に対して移民出身者四人が失業状態にあることを考慮する必要があります。これは我慢できることではありません。こうした仕事・住宅・余暇・教育における差別に対して、私たちは力の限り闘わねばなりません。

――郊外における問題の解決には何が必要でしょうか。

マメール　解決策は、まず、同じ場所に同じ住民を集中させないこと、ゲットーを作らないこと、すなわち、社会的に様々な人々を混在させることです。そして、とりわけ差別に対して闘うことです。今日、フランスでは、挙証責任を逆転させる必要があります。今日のフランスでは、差別の被害者が差別を受けたということを立証せねばなりませんが、挙証責任を逆転させ、差別を告発された貸主や雇用者が差別をしていないことを立証するよう求める必要があります。挙証責任を逆転させるようになったら、おそらく物事は変わり始めるでしょう。

ノエル＝マメール（Noël Mamère）
国民議会議員（緑の党）

――暴動に参加した人々を「社会のクズ」「ゴロツキ」呼ばわりしたニコラ＝サルコジ内務大臣の方法についてはいかがお考えですか。

マメール　サルコジ氏の成り行き任せの行動は、フランス社会と私たちの自由にとって非常に危険だと思います。したがって私はそれに反対しているわけです。サルコジ氏は、安全を理由に司法を警察の補助機能にしようとしています。この国において警察は権力を持ちすぎています。そして、残念ながら、警察のかなりの部分が人種差別主義者なのです。したがって、現在の状況は極めて危険で深刻だと言えます。

「警察のかなりの部分が人種差別主義者」という指摘にはうなずける。パリ市内で警察官に捕まえら持ち物検査を受けるのは若者と、黒人や中東系の人たちである。「自由・平等・博愛」が国の基本理念であるのにもかかわらず、警察ではこれら三つの概念が欠如している。

サルコジ内相を批判するのは、政治家だけではない。街娼・男娼など性労働者《セックスワーカー》も公然とサルコジ批判を始め、行動を起こしている。

●「革命の国フランスでエロ革命が始まった！」（2006年8月記）

「フェミニズムは私たちを無視してきた」

舞踏会でつけるような仮面を顔につけパリ市内を行進した街娼たち数百人がそう訴えた。

二〇〇五年、女性の権利拡大を訴える三月八日の国際女性デーの数日前、それにあわせて街娼デモが行われた。彼女らは働く権利と自身らの地位向上を主張した。『ルモンド』や『フィガロ』といった高級紙は黙殺したが、無料日刊紙『20 minutes』はカラー写真入りでデモを大きく紹介した。彼女たちはフェミニストが女性の地位向上といいながら、苦境に置かれている街娼など性労働者《セックスワーカー》の存在を無視していると非難した。

フランスでは第二次世界後、政府がそれまで合法化されていた売春宿を禁止し閉鎖させる一方で、売春は合法のままにし、街娼に働く余地を与えた。客引き・売春の交流場として知られるブローニュの森や一般の公道に立ち客を待つ街娼は長いこと、パリの風物詩であった。しかし、来年行われる大統領選挙の有力候補者・ニコラ＝サルコジ内務大臣が提案した国内治安法（通称・サルコジ法）が二〇〇三年三月一八日に施行されて事態は一変する。同法では、報酬の見返りとして性的関係を勧誘する行為（客引き）は、二カ月の拘禁刑及び三七五〇ユーロ（約五〇万円）の罰金が科せられるようになった。街娼が客に声をかける行為はおろか、「消極的勧誘」という概念が法に盛り込まれ、ミニスカートや胸元の開いた服を着て道端をウロつく行為が犯罪となりうるようになった。ブラジル出身の移民でコールガールの経験を持ち、男性から女性に性転換した性同一性障害者《トランジェンダー》のパリ一七区・区議（緑の党）カミーユ＝カブラル（Camille Cabral）さんはサルコジ法をこう批判する。

「サルコジは娼婦を人目のつかないところに追いやりたいのです。性労働者にだって市民として道に立ち、道を歩く権利がある。しかし、ブローニュの森を性労働者が歩くと逮捕される。化粧して、ミニスカートをはいて、胸の開いた服を着ることが『消極的勧誘』といいますが、性労働者でない女性だってそういう服装をするときがあるでしょう。性労働者のみを摘発するのは不当で、不可解なことです。」

彼女によれば外国人の性労働者が最も実害を被っているという。

「彼女達は警察に捕まれば、身分証明書を取られ、フランスから強制退去させられる。だから、警察の目に見えないところへ行こうとする。私は長いことNGOをつくり、週に何度か、街娼と対話するようにしてきました。客から危害を加えられたら連絡するようにと伝え、避妊の必要性を訴えてきました。しかし、彼女らは今では地下に潜り、事実上、対話できない状態になっている。逃げ場としてマフィアに依存する性労働者が明らかに増えています。性労働者がマフィアに搾取されることは憂慮すべき事態です。」

カブラルさんを中心にして街娼たちは公然と人権活動を始めた。二〇〇五年三月のデモ以降、同年六月にパリで行われたレズビアン＆ゲイ・パレード（五〇万人が参加。毎年開催）では性労働者のチームをつくり参加、サルコジ法・撤廃を訴えた。同年一〇月にはトランスジェンダーの権利を訴えるデモにも街娼らは参加し、自らのムネをさらして性の解放を体で表現する人もいた。二〇〇六年三月にはフランス史上初の祭典「売奴《ばいた》プライド」（Pute Pride）が開かれた。これはゲイ・パレードにならったもので、「売奴である」ことに誇りを持つ性労働者によって毎年開催するという。初年度は三〇〇人近くの売春婦／夫が参加し、パリの公道を二時間近く行進し、働く権利を訴えた。

二〇〇五年秋には社会の片隅に追いやられている移民二世・三世がパリ郊外を中心に蜂起した。いま、性労働者たちが蜂起しようとしている。革命の国フランスにおけるエロ革命になろう。

（及川健二、『実話GON！ナックルズ』二〇〇六年九月号、ミリオン出版）

——ファシズム政権下ではまずエロスが敵視された。ジョセフ＝マッカーシー(*1)が音頭をとったマッカーシズムが吹き荒れた時のアメリカでも「性科学の祖」アルフレッド＝キンゼイ(*2)博士のよ

うな性に寛容な人は共産主義の走狗であるかのように非難され検挙された。私は権力者がエロスを取り締まることを常に注意している。エロス狩りは彼／彼女らがめざす社会像がどんなものかをよく表している。サルコジ氏がつくりたい社会とは、街から物乞いや街娼が消え、建物や機構内の落書きがなくなり、若者がタムロすることのない、猥雑さの消えた清潔感あふれる社会だ。

＊1　マッカーシー（Joseph McCarthy）――一九〇八年一一月一四日生まれ。一九五七年五月二日に肝炎が原因で永眠。一九四七年から死ぬまで上院議員を務めた。マッカーシーが先頭に立って、一九四八年頃から一九五〇年代前半までアメリカの共産党員や共産党シンパを検挙していった。「赤」だと告発されたのは、アメリカの政府関係者やアメリカ陸軍関係者から、ハリウッドの芸能関係者や映画監督、作家までに及んだ。しかし、偽の「共産主義者リスト」をつくり、偽証を繰り返し、事実を歪曲し、自白や協力者の告発、密告の強要を強いるといった非・人道的な手法が明るみに出て、民主党やマスコミから批判の声があがるようになった。一九五四年の一二月二日には、上院は六七対二二でマッカーシーに対して「上院に不名誉と不評判をもたらすよう指揮した」とする非難決議を採択した。マーカーシーは最晩年、アルコール依存症になり、肝硬変を患った。

＊2　キンゼイ――一八九四年六月二三日～一九五六年八月二五日。アメリカの性科学者・動物学者。ロックフェラー財団の協力を得て、セックスに関する男性の対面調査をまとめた『人間男性における性行動』（*Sexual Behavior in the Human Male*）を一九四八年に出版し、話題になる。一九五三年には『人間女性における性行動』（*Sexual Behavior in the Human Female*）を出版する。二冊の本はキンゼイ・リポートと呼ばれた。『Time』や『Life』、『Look』といった一般紙から『McCall's』という女性誌などにキンゼイ

は登場した。キンゼイ・リポートは論争を巻き起こし、激しい非難も浴びせられた。キンゼイ批判の嵐のために、ロックフェラー財団はキンゼイの研究の援助をうち切った。

4 ルペン支持からサルコジ支持へ

◆小泉圧勝とルペン&サルコジ人気の類似点

さて、サルコジ人気やルペン人気と二〇〇五年総選挙における小泉自民党圧勝は相通じるところがあることに私はあるとき気がつかされた。宮台真司氏が二〇〇五年九月二三日に発表した論文「選挙結果から未来を構想するための文章を書きました」を読んだからだ。この論文の論理的枠組みで、サルコジ氏を見ると彼の人気の背景がよく分かる。同論文の中で宮台氏は二〇〇五年の総選挙のキーワードを「農村型保守＝旧保守、都市型保守＝新保守（新保守主義ではない）、都市型リベラルの、三つだ」と指摘し、「小泉支持層のメインは旧保守でなく、新保守＝都市型保守だ」と喝破した。

宮台氏は新保守を「過剰流動性と生活世界空洞化で不安になり、『断固・決然』に煽られるヘタレ保守」と名付けた。そして、ヘタレ保守が多くなる要因として「ケイパビリティの乏しさ」をあげている。

「見田宗介氏が（二〇〇五年）八月一六日付『朝日新聞』で日本は経済水準が高いのに『とても

幸せ』と答える割合が大層低いと指摘した。アマルティア＝センによれば、経済が豊かでも幸せでないのはケイパビリティの乏しさ故だ。

ケイパビリティとは、現実化し得る選択肢の豊かさ。日本は、多様な仕事、多様な趣味、多様な家族、多様な性、要は多様な人生を、選べそうで選べない。制度的に選べない（規制だらけ）のみならず『主体の能力が低いから』選べない。だから鬱屈が拡がるばかりだ。

鬱屈した彼らを吸引するのが、不安と男気のカップリングだ。不安を煽って、鎮められるのは『断固』『決然』の俺だけだと男気を示す。二〇年前の英米ネオリベ路線でも石原都政誕生でも見られた、都市型保守の定番的動員戦略だ。『不安のポピュリズム』と呼べる。

これに対抗するのがケイパビリティの主題化だ。只でさえ流動性の高まる後期近代。都市型保守の『不安のポピュリズム』は動員コストが安価で、公示期間の勝負なら『不安のポピュリズム』に勝る戦略はない。だからこそ民度上昇を図る日常の『教育と啓蒙』が重要だ。」

フランスで新保守の受け皿になってきたのは、ジャンマリー＝ルペン党首率いる極右政党「国民戦線」であり、いまサルコジ氏がとってかわろうとしている。国民戦線は主張する。

「フランス人のためのフランスを」、と。

移民流入の恐怖を煽り、徹底した排斥を唱え、一方で「死刑復活」を高らかに掲げ、犯罪に対して厳罰で臨むべし……という態度をとり、治安強化を訴えた。国民戦線の集会に参加するたびに、その多様なメンツに驚かされた。都市郊外に住んでいるような若者たちが多く参加する一方で、南仏からやってきたおじいちゃん・おばあちゃんたち、退役軍人も闊歩する。若者たちはルペン氏が登場すると、「党首様ーーッ！」（Le Président）と絶叫する。

◆「過剰流動性と生活世界空洞化による不安」

宮台氏のいう「過剰流動性と生活世界空洞化で不安」になった人々がルペン氏を支持していることは、若者や失業者、現場労働者の中でルペン氏が大人気であることからも明かだろう。

しかし、二〇〇二年大統領選挙後、シラク大統領がとった政策はより流動性を高めるものであった。ラファラン首相率いる内閣では社会党政権下で実施された社会福祉国家的諸政策の見直し・構造改革を断行した。一方で、アメリカ的グローバリズムに対抗する形で、欧州統合を進めていったのだが、皮肉なことに、英国の強い交渉によりEU域内における経済競争を推進する「欧州憲法」ができあがってしまった。

二〇〇五年五月二九日に行われた欧州憲法・批准をめぐる国民投票を前にして、極右・極左陣営は批准によって「流動性が高まる」と大合唱した。左翼は「経済的な自由主義がフランスを覆う」といい、極右は「安い労働者が大挙し、移民流入により社会が崩壊する」と危機を煽った。

世論調査機関・IPSOSによれば、憲法反対票を投じた人のうち、二〇〇二年フランス大統領選挙第一回投票において一六人いる候補者の中でルペン氏に投じたのは三二・五％でダントツ一位。二位のジョスパン候補の一八・五％をはるかに上回っている。

◆ルペンからサルコジへ

しかし二〇〇七年のフランス大統領選挙では、ルペン氏を支持している層がサルコジ氏に回るだろうと私は予測している。

サルコジ氏は「フランスがめざすべきは、欧州的な経済ではなく、米英型の競争社会だ」という。つまり、サルコジ氏は流動性の高い社会をめざしている。それと同時に、前述した通り、治安強化を掲げて、売春宿が廃されて以降約六〇年もの間つづいてきた街娼（という文化／形態）をパリ市内から締め出し、次に移民をターゲットにし、容赦なき排斥をすすめている。パリ市内・近郊の無人住宅・ビルで暮らしているアフリカ系移民を、二〇〇五年九月に警察を動員して強制排除・強制封鎖した。マスコミを動員しての大パフォーマンスであり、サルコジ内相のリーダーシップを高らかにアピールした。

流動性が高まれば、治安に対する不安が高まる。そこで、自らのリーダーシップ（「勇気」）を誇示する。サルコジ氏のマッチポンプともいえる戦略は、宮台氏の言葉を借りれば「不安と男気のカップリング」であり、「不安を煽って、鎮められるのは『断固』『決然』の俺だけだと男気を示す。二〇年前の英米ネオリベ路線でも石原都政誕生でも見られた、都市型保守の定番的動員戦略」であり、「不安のポピュリズム」である。

暴動参加者を「社会のクズ」「ゴロツキ」と罵ったこともサルコジ式マッチポンプだ。若者が憎む内相があえて挑発の言葉を口にする。若者たちは怒り暴動は激化する。暴動が激化したところで、それに決然と立ち向かう姿を演出して人気を高める。サルコジ氏の戦略は単純だが、支持率がいまもなお高いことから、成功しているといえる。

フランスの調査会社ＩＦＯＰが一八歳以上のフランス人八一六人を対象に二〇〇六年九月二一日、二二日、治安に関する世論調査を行った。サルコジ内相、社会党のセゴレーヌ＝ロワイヤル氏、ジョスパン元首相、ルペン党首、社会党のドミニク＝ストラス＝カーン元財務相、ドヴィリエ党首といった六人の名前を挙げて、「治安悪化に対する闘いで六人の中で誰を信頼するか」と質問したところ、サルコジ氏の名前をあげた人が五六％とダントツ・トップで、二位のロワイヤル氏（一六％）、三位のジョスパン氏（八％）を大きく引き離した。サルコジ氏が治安回復で人気を得ていることをこの調査は示している。

「ルペンに投票せよ」――サルコジを皮肉った「アクト・アップ」のポスター

サルコジ路線は「不安のポピュリズム」の典型だ。極右のルペン氏を非難することで、極右との違いをアピールしつつも、極右へ流れ出た都市型保守を賢明に取り込もうとしている。フランス暴動の際にとられた世論調査では、極右支持者の九七％がサルコジ内相を支持すると応えた。[*1] ほぼ、一〇〇％の極右支持者がサルコジ氏を支持するという驚異的な数値だ。まるで、ヒトラーに心酔していった戦前のドイツ人を見るようだ。サルコジ氏は戦略の成功にほくそ笑んでいるだろう。

＊1　調査結果——http://www.ipsos.fr/canalipsos/poll/8150.asp

人権問題に熱心に取り組む市民団体「アクト・アップ」（Act-Up）はサルコジ氏を皮肉り、同氏の写真をつかい、「ルペンに投票せよ」（VOTEZ LE PEN）という文言をいれたポスターをつくった。サルコジ氏は写真家の許可なく写真を使用したとして、すぐにポスターの掲示を禁止させた。風刺すら認めず、自らの批判に対しては容赦なく弾圧を加える非寛容。民主主義国家のリーダーとはとても思えない。サルコジ氏が大統領になれば、独裁化が進むロシアのように、フランスも独裁国家になるのではないかと、私は懸念している。氏の独裁者的体質は、私生活スキャンダルをめぐる対応でも露呈した。

5　サルコジのスキャンダル

では、最後に、サルコジ氏のスキャンダルにまつわる話を紹介したい。

サルコジ氏が人気を得た要因の一つに、正妻・セシリア（Cécilia）さんの存在がある。「フランスのケネディ」などという呼び名があるくらいサルコジ氏はさわやかな政治家としても売り出されてきた。妻を前面に出して、二人三脚のオシドリ夫婦、仕事でも結びつく今風のカップル……というイメージがメディアで流布された。国民運動連合の職員であった（いまは退職）セシリアさんとサルコジ内相が互いの手を握りしめながら歩いたり、親しげに話したりしている姿は頻繁にメディアで取り上げられた。二人のツーショットは映画のワンシーンのようであり、美人のセシリアさんの存在はサルコジ氏の人気にずいぶんと寄与した。

しかし、そのセシリアさんがサルコジ氏を捨てた……というニュースを二〇〇五年五月下旬、スイスの日刊紙『ルマタン』（Le Matin）が報じ、フランス・メディアがそれに追随した。

サルコジ氏がコメントを控え、セシリアさんの居所が分からなくなったため、五月頃では、一体、二人に何が起きたのか、よく分からなかった。その後、サルコジ氏は「プライバシーを侵害された」という理由で『ルマタン』を告訴すると息巻いた。

そして、夏のバカンスを終えた頃になると、二人の事情がだんだんと明らかになってきた。

●「仏大統領候補の妻が浮気？」（2005年10月3日付）

二〇〇七年に行われるフランス大統領選挙で、当選が確実視されてきたニコラ＝サルコジ国民運動連合（ＵＭＰ）党首兼内務相の身辺が騒がしい。

夫とともに精力的に働く妻として夫婦そろってメディアに積極的に登場してきた妻のセシリアさんに新しい恋人ができたことをフランスのゴシップ誌はいっせいに報じている。

週刊誌『ＶＳＤ』二〇〇五年九月二八日号には、セシリアさんが交際中の男性とともに、八月にカンヌで一緒にバカンスを過ごしている写真が掲載された。

離婚は確実と見られている上、サルコジ氏のライバルであるドミニク＝ドヴィルパン首相の支持率がここにて来て上昇している。サルコジ氏にとっては受難がしばらく続きそうだ。


（及川健二、『日刊ベリタ』）

――セシリアなきサルコジ内相が大統領になれるのかとフランス・メディアは問いかけた。過剰なまでに「オシドリ夫婦」というイメージ戦略を採ってきたからそういう問いがなされた。

●「仏で政治家の私生活暴露【解禁】へ」（2005年10月13日付）

二〇〇七年のフランス大統領選挙で出馬が有力視されているニコラ＝サルコジ内相＆国民運動連合（UMP）党首に、「新しい恋人ができた」と地元メディアが一斉に報じている。

サルコジ内相とセシリア夫人は現在別居状態にあり、夫人がバカンスを別の男性と過ごすなど、離婚は秒読み段階といわれてきた。サルコジ内相にも恋人ができたことで、一八年に及ぶ結婚生活は完全に終わりを迎えようとしている。

サルコジ内相の新しい恋人は、一九九二年から保守系朝刊紙『フィガロ』で働く政治部記者、アンヌ＝フュルダ（Anne Fulda）さん。一〇月五日にリビアを訪れた際、内相自らが同行記者団に交際の事実を明らかにしたという。フュルダさんは最近まで大統領府担当の記者をしていたが、今は遊軍記者になっている。

サルコジ内相の離婚騒動をめぐる報道は、今年五月下旬にスイスの新聞が報じたことによってフランスでも解禁となった。八月下旬にはゴシップ誌『パリマッチ』がセシリア夫人と新しい恋人とのツーショット写真を掲載、サルコジ氏を激怒させた。

フランスでは政治家の私生活を報道することは戒められてきたが、今回の騒動をきっかけにその伝統は変容しつつある。英米流の社会をめざすサルコジ氏のスキャンダルによって、ジャーナリズムの世界は早くもプライバシーをも暴露する「米英流」になったのは、何とも皮肉なことだ。

（及川健二、『日刊ベリタ』）

◆サルコジの御都合主義

フランスではサルコジ氏の私生活をめぐるスキャンダルは雑誌・新聞でも取り上げられた。私は二〇〇五年一〇月下旬の深夜、寝ぼけ眼でテレビを見ていたら、サルコジ内相の私生活暴露報道についての討論番組をやっていた。雑誌記者だか編集者だかが出ていて、次のように言った。

「家族を売ってきたのはサルコジじゃないか」（商売の出しにしてきたという意味だろう）

私生活を公の場に積極的に披露していったのはサルコジだ、だから、報道するのだ。そんな趣旨の発言をした。

たしかに、彼がいうことは正しい。プライベートな情報（家族）を公の場に出してきたのはサルコジ氏のわけである。フランスのメディアでは、政治家の私生活はむやみに暴露しない、政治家の性と政治を分けて考える「性政分離」という伝統がある。妻をつかった政治宣伝がなければサルコジ氏の離婚騒動も大きくとりあげることはなかった。身から出た錆《さび》というわけだ。

駆け落ちは次のようなものだった。二〇〇五年の四月、五月は欧州憲法・批准賛成キャンペーンのため、サルコジ氏はフランス中を飛び回っていた。セシリアさんは夫が家を留守している隙をついて、さっさと荷物をまとめて逃げていった。駆け落ち直後、サルコジ氏はテレビ出演をキャンセルするなど、パニックになった。マスコミの取材には「プライバシーだから……」といって応えなかった。さんざんぱら、夫婦生活をパブリックに出しながら都合が悪くなるとプライバシーと言い出す。なんというご都合主義！

二〇〇五年八月になると、セシリアさんが新しい恋人とバカンスを過ごしている写真が『パリマッチ』(Paris Match) 誌にのり、サルコジ氏は激怒したという。別れた妻が楽しい生活を送っている写真が公になるぐらいでキリキリするとは、彼の人間としての器をよく表している。後で詳しく述べるが、フランソワ＝ミッテラン前大統領は隠し子とのツーショット写真がゴシップ誌に掲載されることなど気にもかけなかった。

私が問題だと思うことは、離婚騒動時に「夫婦関係」をプライバシーといっていたサルコジ氏が自分に恋人ができたら、それをメディアに公開したことだ。「妻と別れた」ことがプライバシーというならば、「恋人ができた」ことも「プライバシー」であろう。おそらく、フランスで嘲笑される妻を寝取られた男「コキュ」(cocu) というイメージがまとわりつくことをマイナスと考えて、新恋人について公表したのだろう。さらにひどいことに、お相手がフィガロ紙・政治部の女性記者だったのだが、彼女の名前を報じた夕刊紙『フランス・スワール』(France Soir) と通信社AFPにサルコジ氏は抗議し告訴すると恫喝した。その女性記者は長いこと政治畑を歩いてきた人で、大統領府の担当記者を二〇〇五年まで務めていた。大統領の座を狙うサルコジ氏の恋人が、氏のライバルであるシラク大統領のもとに常駐し取材してきた記者……というならば、職務上で知り得た情報を恋人に流す可能性もあり、職業倫理が問われかねない。問題提起していい情報である。しかし、サルコジ氏にとっては都合が悪い情報だから、彼は抗議した。

◆暴露本を出版停止させたサルコジ内相の権力濫用

一連のスキャンダルで見えてきたのは、サルコジ氏にとって都合の良い私生活情報（「オシドリ夫婦」、「新しい恋人ができた」）は積極的に開示していくのに、都合の悪いことが流れると「プライバシー」といいだし、ときに「告訴する」とメディアに圧力をかけるというサルコジ氏のご都合主義的体質だ。

それが露呈した言論弾圧事件がある。

セシリア夫人に関する本の出版が二〇〇五年一一月中旬に予定されていた。著者は女性ジャーナリストのヴァレリー＝ドマン（Valérie Domain）さんで、ゴシップ誌『ギャラ』（Gala）の記者をしている。彼女はセシリア夫人に何回も話を聞き、彼女の自伝を書いた。ところが、何がご不満だったのか不明なのだが、セシリア夫人は出版したくないと言いだし、サルコジ内相に泣きついた。

サルコジ内相は二〇〇五年一一月九日、出版社の社長を内務省に呼び出して脅し、出版停止に追い込んだ。著者が怒り告発したことから、世に知られることになった。警察権力の頂点にある内務大臣が書籍の出版を禁じるなど、権力濫用以外のなにものでもない。フランスには出版の自由がないのかと思えてしまう。新聞は出版停止についてベタ記事程度の扱いで報道した。

けっきょく、ドマンさんは小説という形をとって、『理性と心性の間』（Entre le cœur et la

raison）というタイトルで二〇〇六年二月初旬に本を出版した。初刷り一〇万部である。

セシリアさんに協力した努力が認められたからか、サルコジ氏とセシリア夫人は離婚せずに寄りを戻し、離婚騒動は立ち消えたといわれている。二人がデートしている写真が二〇〇六年夏、フランスの一部雑誌に掲載された。

サルコジ氏は自身のスキャンダルで、政治家としての資質が疑われるほどの醜悪さを露呈させた。宮台氏は先の論文で「『弱い犬ほどよく吠える』。ヘタレほど、無頼を気取り、神経質で、強迫的で、不寛容ということだ」というが、これはサルコジ氏の性格をよく表している。サルコジ氏は「強い政治家」を演出しているが、妻が駆け落ちした程度でパニックになる弱い性格を持っている。過激な発言も「弱い犬ほどよく吠える」ということなのだろう。

はたして、独裁者風のこんな男が二〇〇七年、大統領になるのだろうか。

世論調査会社・ＩＦＯＰが一八歳以上のフランス人一〇〇七人を対象に二〇〇六年八月三一日、九月一日に実施した電話調査のアンケート結果が私の手元にある。シラク大統領やドヴィルパン首相、ジュペ元首相をはじめとする保守派の大統領候補になりそうな人物七人をあげて、二〇〇七年のＵＭＰ大統領候補として「誰を支持するか」と尋ねたところ、回答者の四五％がサルコジ氏を支持すると答えた。二位のドヴィルパン首相はわずかに八％のみ。ＵＭＰ支持者に限ってみれば、八〇％がサルコジ氏を支持するという。

二〇〇七年の大統領選挙で、私はフランス人の見識が試されていると思っている。

第7章　女性大統領が誕生？――セゴレーヌ＝ロワイヤル

1　右派政権へのプロテスト

◆「初期雇用契約」案を強行したドヴィルパン内閣

「A bas! A bas! A bas le CPE!」（倒せ！倒せ！倒せＣＰＥ！）

高校生の年頃のデモ参加者（Manifestant（/e）s）が叫ぶのを聞きながらわたしはひとり感慨に耽った。二〇〇六年三月一八日（土）、フランス全土で一五〇万人の人々が参加したデモ隊の中に私はいた。

ＣＰＥ（初期雇用契約）案がドミニク＝ドヴィルパン首相によって提案されたのは二〇〇六年一月一六日だった。ＣＰＥは採用してから二年の間であれば、二六歳未満の新卒労働者を雇用主が自由に解雇する権利を認めるものだ。フランスでは一度正規雇用した労働者を解雇することはほぼ不可能のため、企業が新卒労働者を雇用することにとまどう傾向があるといわれている。採用してから二年間は試験的雇用で、理由を明示せずとも解雇できるようになれば、企業は新卒をより多く採用するようになるであろうという予想のもと、ドヴィルパン内閣は同法を推進した。

ＣＰＥが提案される前年の夏、一文字違いの類似した制度・ＣＮＥ（新規雇用契約）が発令された。これは従業員が二〇人未満の企業で新たに雇った者を同じく二年のあいだ理由なしに解雇できるというものだ。

ドヴィルパン内閣はグローバリズムの名の下に、世論を無視して、フランスの安定した雇用制度を破壊し、流動化しようと試みた。

◆新雇用法は撤回

ＣＰＥが提案された当初、労働者や若者の反発はさして大きいものではなかった。世論の半数も賛成をしていた。では何故、三〇〇万人規模のデモが組織され、ゼネラル・ストライキに発展するまでに労働者・若者の怒りが高まったのか。

法案自体の問題点とともにそれを推進するドヴィルパン首相の手続きのまずさが問題となった。まず学生・若者たちの反対運動を避けるために大学・高校の冬休みと試験シーズンを狙って急いで国会で通そうとした。さらに社会党らの討論引き延ばし戦術をおしきって二月九日には国民議会で強硬採決した。

世論を無視して押し進めるドヴィルパン首相の手法は学生・労働者の目に、姑息で独走的とうつった。三月に入ると世論の六割が反対を示すようになり、最終的に法案が採択された三月八日以降、ますます反対の動きが強くなる。三月九日、一〇日にはパリ大学ソルボンヌ校の建物が学生達に占拠された。道路を封鎖したり電車を力づくでとめたりする学生の抗議運動が広がった。

六割以上の大学が学生の手により封鎖され、その動きは高校生にも広がった。

私が参加したデモには、世代を越え社会的立場を越えた老若男女が参加した。二六歳未満を対象とする法案なのに、若い世代のみならず壮年・老年の男女の姿も多かった。さらに、デモはこの日以降も大きくなり、ゼネラル・ストライキも二度行われた。若年層のために労働者・市民が一丸となって立ち上がる姿を見て、フランスで口にされる「社会連帯」をまさに垣間見る思いだった。けっきょく、ＣＰＥは撤回されることになったわけだが、これは労働者・学生・市民の闘いの勝利であり、右派政権に対するノーであった。

2　大統領選挙に向けた右派陣営の動き

二〇〇六年はＣＰＥが撤回される四月に入るまで、連日、メディアで学生や組合の動きが報じられた。ＣＰＥに比べれば注目度は低かったが、二〇〇七年春に投開票されるフランス大統領選挙に向けた各陣営の動きが二〇〇六年に入ると本格的になり始めた。

保守陣営では最有力候補と見られるフランス国民運動連合（ＵＭＰ）のニコラ＝サルコジ党首兼内務大臣は二〇〇六年初めての記者会見で出馬を改めて宣言し、〇七年初めには選挙に専念するため内相を辞任すると発表した。

ジャック＝シラク大統領の退任は確実と見られその後継者が注目されているが、サルコジ氏とシラク氏は確執が深くシラク側近のドミニク＝ドヴィルパン首相の出馬も予想された。しかし、

ＣＰＥの失敗により人気は急落、出馬の可能性はゼロといわれている。ＵＭＰはアメリカ大統領選挙をモデルにした予備選をフランスで初めて実施することをめざしている。予備選を提案したのはサルコジ氏だ。彼の自信が伺える。

極右陣営では、二〇〇二年大統領選でリオネル＝ジョスパン社会党候補（当時首相）を退け二位につけ、決選投票に進出したジャンマリー＝ルペン「国民戦線」党首が出馬を表明し、二〇〇六年・年頭に選挙対策本部を発足させた。筆者の直撃取材に「次の大統領は私だ」と答えた意気軒昂なルペン氏だが、極右の新しいカリスマとして注目されているフィリップ＝ドヴィリエ「フランスのための運動」党首も出馬表明していることから、票割れが予想される。ドヴィリエ氏は年頭の会見で「ルペンへの投票は絶望への一票であり、ドヴィリエへの票は希望への一票だ」と述べた。

◆サルコジ氏に反旗を翻すドゴール主義者がＵＭＰから出馬

ＵＭＰからはサルコジ氏の他に、政治団体「立ち上がれ！共和国」(Debout la République) 代表のニコラ＝デュポン＝エニャン (Nicolas Aignan-Dupont) 国民議会議員が出馬を宣言している。彼はＵＭＰの予備選には参加せず、ＵＭＰの候補とは別に出馬する意向である。

デュポン＝エニャン氏は一九六一年三月七日、生まれの若手政治家だ。一九九七年に国民議会議員に初当選して、二〇〇二年に再選し現在二期目だ。二〇〇五年五月二九日に国民投票で否決された欧州憲法に反対した数少ないＵＭＰ議員で、「国家主権主義」(souverainisme)「ドゴール主義者」(gaulliste) を標榜している。「社会的・愛国的ドゴール主義」(le gaullisme social et patriotique) と形容されるデュポン＝エニャン氏は各種公共部門における民営化に反対の立場で、新自由主義路線を突き進むサルコジ氏とは立場を異にする。二〇〇六年九月一二日にはパリ市内で行われたフランスガス公社（GDF）民営化に反対する労働者の集会に参加し、「私は『ブラボー』というために来た」「GDFは左派に属するわけでも右派に属するわけでもなく、イデオロギーに関わるものではない。いま問われているのは、イデオロギーに優先する国有財産だ」と述べ、参加者を激励した。デュポン＝エニャン氏は資本主義の行き過ぎを国家が管理すべきという立場で、国の独立を何よりも尊重し、グローバリズムには懐疑的で、もっとも伝統的なドゴール主義者といわれている。

氏は二〇〇二年、二〇〇四年のUMP党首選挙（党員投票）に出馬した。〇二年ではアラン＝ジュペ氏が三万七八二二票（七九・四二％）を獲得・当選したのに対して、デュポン＝エニャン氏は七〇九九票（一四・九一％）を獲得して二位につけた。二〇〇四年一一月のUMP党首選挙にも出馬し、サルコジ氏が六万二六六票（八五・〇九％）を獲得・当選したのに対して、わずかに六四四三票（九・七％）の票を得るに留まった。

デュポン＝エニャン氏の政治理念は「共和国」(République)「国家主権主義」(souverainisme) にある。国家主権主義（スーヴレニズム）とは「共和国という国家の枠組みを絶対」だと考える立場であり、「欧州の超国家主義」(supranationalisme européen) つまり、「欧州共和国という計画」に反対する立場だ。デュポン＝エニャン氏は「左翼の共和主義者の一部は欧州共和国を支持していることからも分かるように、共和主義者だからといって国家主権主義者であるとは限らない。国会内の経済自由主義を何より尊重する人がいるように、国家主権主義者だから共和主義者だとはかぎらない」と述べ、「共和主義者である国家主権主義者（ドゴール主義者やシュヴェーヌマン氏はこの立場である）にとっては、国民国家（l'État-nation）が共和国の絶対に譲れない枠組みだ」と説明している。

共和国主義者としてエニャン氏は次の理念を守るという。

・共和国の個性とフランス民衆のまとまり
・政教分離
・自由と国民から成る国家主権
・平等
・社会進歩、博愛、連帯

政教分離は日本だと政治が宗教に口出ししないことをいうが、フランスでは宗教が政治に口出しせず、政治も宗教に口出ししないことを政教分離という。

サルコジ氏が進める英米型経済に反対する理由を

「共和国の基本的価値は、個人主義・政教分離・民主主義・社会福祉である。これらは歴史的に受け継がれてきたものだ。」

「社会福祉に関する限り、経済的自由主義は共和国の理念に合致しない」

と説明する。

3　注目の社会党ロワイヤル議員

社会党ではローラン＝ファビウス元首相が出馬を表明しているが支持は低迷している。ジャック＝ラング元文化相、(＊1)ドミニク＝ストラス＝カーン元財務相(＊2)など複数の名前が挙がっているが、いずれも決め手に欠いている。

＊1　ラング（Jack Lang）――一九三九年九月二日生まれ。一九八一年五月～八六年三月、八八年五月～九三年三月まで、約一一年という長期に渡って文化大臣を務めた。一九八六年から国民議会議員を務めている。

＊2　ストラス＝カーン（Dominique Strauss-Kahn）――一九四九年四月二五日生まれ。一九八六年から社会党の国民議会議員を務めている。一九九七年～九九年まで財務相を務めた。フランスでは「ＤＳＫ」の愛称で親しまれている。

そんな中で現在、注目されているのが社会党の人気女性政治家・セゴレーヌ＝ロワイヤル（Ségolène Royal）国民議会議員だ。一九五三年九月二二日に西アフリカの国セネガルの首都・ダカールで生まれた彼女は八一年、ミッテラン前大統領に見込まれて秘書官に抜擢され政界入りした後、環境相、学校教育担当相、家族担当相を歴任してきた。フランソワ＝オランド社会党第一書記（党首）とは名門グランゼコール・フランス国立行政学院（通称「ＥＮＡ」）の同級生で、一九七〇年代の末から入籍しない事実婚関係にあり二人の間には四人の子どもがいる。フランス調査機関CSAが二〇〇五年末に行った世論調査結果によると、左派政治家の中でロワイヤル氏を「最善の候補」と考える人は三六％で、二位のジョスパン元首相二六％を引き離している。ラング氏は一八％、カーン氏は一七％、オランド氏・ファビウス氏は一二％といずれも人気は低迷している。

月刊誌『エル』の調査によれば彼女が大統領候補になった場合、投票する可能性があると答えた人は五九％に達し、女性に限定すると六三％で、女性からより支持されている。同誌の調査では「フランス大統領に女性が就くことに賛成か反対か」という問いに対しては、九四％が賛成と答えている。

ドイツで女性の首相が誕生し、ロワイヤル氏が応援入りした女性のミチェル＝バチェレ氏がチリ大統領になったことも追い風の背景にはある。低迷が続いている社会党で女性リーダーが救世主となるのか。いま、注目されている。

セゴレーヌ＝ロワイヤル

ロワイヤルさんに関する興味深いデータがある。

世論調査会社のCSAが二〇〇六年五月二日から五日にかけて、一五歳以上のフランス人四八五人を対象に「世界でもっともセクシーな女性一〇〇人」を問うアンケートを行った。これは毎年行わている恒例の調査で、フランスの男性誌『FHM』に結果は公表される。

二〇〇六年の一位はフランスで活躍するスロバキア人のモデル・アドリアーナ＝カランブー（Adriana Karembeu）氏で、二位はイギリスの女優・ナオミ＝ワッツ（Naomi Watts）氏、三位がアメリカの女優・タラ＝リード（Tara Reid）氏、四位は日本でも映画『Mr.&Mrs. Smith』などで人気があるアメリカの女優・アンジェリーナ＝ジョリー（Angelina Jolie）氏、五位はアメリカの女優・アリッサ＝ミラノ（Alyssa Milano）氏だ。

そして六位には、イギリス出身のファッション・モデルのケイト＝モス（Kate Moss）氏やイギリスのスーパーモデル・ナオミ＝キャンベル（Naomi Campbell）氏、スペインの女優・ペネロペ＝クルス（Penélope Cruz）氏を抑えてロワイヤルさんが入った。一〇〇人の中で政治家はロワイヤルさんだけだった。

後述するように、私はロワイヤルさんに一度、直にお会いしたことがある。そのとき、きれいな女性だなとは思った。通訳として同行した大学院生は、「若作りがすごい」と呆れていたので、人生色々、評価も色々だろう。

◆同性カップルの結婚合法化を支持

さて、ロワイヤルさんは二〇〇六年六月、衝撃的な発言を行った。レズビアン＆ゲイ向け月刊誌『テテュ Têtu』[*1]とのインタビューで、彼女は社会党候補が大統領になれば、同性カップルの結婚が合法化されると宣言したのだ。

＊1　『テテュ Têtu』——同性愛者向けの総合月刊誌で、街頭や駅のキヨスクで女性誌と並んで売られている。

発売日直後は町中に広告が貼られ、フランスで同誌を知らない人はまずいない。女優のカトリーヌ＝ドヌーブ氏や、シラク大統領、ジョスパン首相（当時）もインタビューに登場したこともあり、フランス最大発行部数のゲイ雑誌にしてもっとも影響力のあるゲイ・メディアである。Têtu とは「頑固者」を意味する言葉。

同インタビューでロワイヤルさんは次のように明言した。

「来春の大統領選で勝利すれば、社会党は平等と相互尊重の名の下に同性愛者の結婚を合法化するでしょう。両親が同性愛者であれ異性愛者であれ、養子縁組は家族の問題であり、同性愛者が家族と認められた時点で彼らの養子縁組も認められるべきです。」

フランスの現行法では同性カップルの結婚は認められていない。オランダ、ベルギー、スペイン、カナダの四カ国では異性カップルと同様に同性カップルも結婚することができる。同性カップルの結婚合法化を進歩と見なすのであれば、フランスはその四カ国より遅れをとっているといえよう。

しかし、同性カップルの権利はまったく保証されていないわけではない。結婚を緩くしたパートナーシップ制度・パクス（ＰＡＣＳ）があり、この制度を同性カップルも利用できる。

連帯民事契約と訳されるパクスは「異性または同性の成年者二人が、共同生活をするために結ぶ契約」と定義される。結婚とパクスの最大の違いは、結婚が異性カップルのみに開かれ同性カップルが排除されているのに対し、パクスは同性カップルにも異性カップルにも開かれているという点にある。

パクスは同性同士だろうが異性同士だろうが、二人の同意によって結ばれる。パクスは、締結されたパクスをどちらか一方がとりやめたいと思い手続きをすれば、解消されてしまう。結婚の場合、原則としては二人の同意があって結婚が解消されるので、その点でパクスは結婚と異なる。また、結婚によって貞操義務が生じるのに対して、パクスによって貞操義務は生じない。パクスを結んだ後に配偶者以外の男（女）と浮気しても法律上はとがめられない。ただし、お互いに相互的・物質的援助が義務づけられている。日常生活の必要や共同住居のために生じた負債については共同責任を負う。

パクスに関する難しい条文を読んでも、制度の特徴を理解しがたい。結婚よりも緩い準結婚制度とだけ理解していればいいだろう。

同性カップルの結婚を認めない国でも、パクスのように同性カップルの権利を保障するパートナーシップ制度を設けている国は多い。デンマーク、フィンランド、ノルウェー、デンマーク、アイスランドの北欧五カ国やドイツ、イギリス、ポルトガル、リュクセンブルク、チェコ、スイス、ハンガリーで、同様の制度が存在する。

なぜ、ロワイヤルさんの発言が衝撃的だったのか。それは、彼女の元来のスタンスが、同性カップルの権利保障はパクスのみで十分だという立場だったからだ。フランス社会党の中でリオネル＝ジョスパン元首相と並んで、同性カップルの結婚合法化に積極的でない政治家とフランスでは見られていた。それが『テテュ』インタビューで同性カップルの結婚合法化に賛成する発言を行ったというのだ。これは大きな転向である。彼女が大統領になれば、スペイン、カナダ、ベルギー、オランダに次いで、同性カップルの結婚が合法化された第五番目の国にフランスはなる。

カトリックが強く保守的なフランスにおける同性カップルの結婚合法化は、世界に相当なインパクトを与えることだろう。

◆サルコジとロワイヤル――勝つのはどっち？

二〇〇七年五月投票だというのに、大統領候補の支持率が毎日のようにニュースとなっている。大手世論調査会社・ＩＦＯＰが二〇〇六年八月三一日から九月八日にかけて一八歳以上のフランス人一九一一人を対象に実施した電話調査では、社会党支持者（その内、六二一人）に「社会党の大統領候補の中で、誰を支持しますか？」という質問を行った。「ロワイヤルさんを支持する」と答えた人がダントツ一位で五一％、二位のジョスパン元首相（一五％）、三位のカーン元財務相（一〇％）を大きく引き離している。

ＩＦＯＰが八月三一日から九月一日にかけて一八歳以上のフランス人一〇〇七人に大統領選挙に関して実施した別の電話調査では、「次期大統領選挙で右派と左派、どちらの勝利を望みますか？」という質問があげられている。それに対する回答は以下の通りだ。

・左派　五一％
・右派　四三％
・どちらともいえない　六％

表5　拮抗するサルコジとロワイヤル
世論調査結果

	サルコジ支持	ロワイヤル支持
2006年1月	52%	46%
2006年4月	47%	52%
2006年5月	49%	50%
2006年6月	51%	48%
2006年9月	48%	49%

「社会党候補の中では誰を支持するか」という問いに対しては、一位はロワイヤルさんで彼女の名前を挙げた人は三四%、二位がジョスパン元首相で一八%、三位がカーン氏で一六%だった。

つづいて、サルコジ氏を保守の候補として想定する質問が出される。

「サルコジ氏とジョスパン氏ならば、どちらを支持しますか?」

という質問に対する結果は次の通り。

- サルコジ　五六%
- ジョスパン　四一%
- どちらともいえない　三%

ジョスパン元首相は再出馬に意欲満々だが、支持率ではサルコジ氏に惨敗している。

では、ロワイヤルさんとサルコジ氏ならばどうか。何回も同じ世論調査が実施されている。結果とそれぞれの時期は次の通りで、直接討論がまだ行われていないのに、まさに拮抗している（表

5）。フランス大統領選挙はこのまま、サルコジ氏VSロワイヤルさんの構図で行きそうだ。

◆ロワイヤルさんと会えないか事務所と交渉

次期大統領とも目されるセゴレーヌ＝ロワイヤルさんとはどういう人物なのか。この目で確かめたかった私は二〇〇五年の一一月頃から事務所に連絡をとり、インタビューをとれないか模索してきた。事務所からの返答は、単独インタビューを行うことは難しいが、海外プレスを集めて共同の会見をやる予定はある、そのときには連絡する……ということだった。

そして、年が明け、提示されたのは二〇〇六年一月三一日（火）のお昼前の時間だった。国民議会の周りに立てられている議員会館のロワイヤル事務所でやるという。

私はインタビューの日、通訳のNさんと国民議会の最寄り駅のプラットホームで待ち合わせをし、合流した。国民議会の議員会館には以前、緑の党のノエル＝マメール国民議会議員に取材するときに訪れたことがあったのでその建物に行った。受付の人に尋ねたら、ロワイヤルさんの事務所は別の議員会館にあるという。国民議会の周りには複数の議員会館が建ち並んでいることをそのとき初めて知った。外に出て警備の警察官に場所を聞き、私は目的の会館へたどり着いた。

議員会館に入るために、手荷物をX線にあて危険物が入っていないかチェックし、ベルトや金属類を外した状態でセキュリティのゲートをくぐった。身分証明書（外国人であればパスポート）を受付に渡さなければならないので、パスポートを提出する。パソコンに私の氏名を打ち込む。「他の日にもきたことがありまね」と男性はいう。誰がいつ入ったのか記録として残っているようだった。パスポートを預けると自分の名前がプリントされた名札兼通行証を渡された。

外国人の記者と思しき人がロビーに立っている。

「ロワイヤルさんの事務所からここで待機するようにいわれているので待っていてください」といわれた。一五分ぐらいすると、二〇代と思しき小柄な女性が私たちを迎えに来た。エレベーターにのぼり、事務所に通された。事務所は二部屋あり一つがパソコンや書類などが置かれた事務室といった感じの部屋、もうひとつが丸形の小さなテーブルの周りに椅子が一〇ほど並んだ応接間のような部屋だ。

「どうぞ、座って待っていてください」と促された。

◆初めてロワイヤルさんに会った

席に着いて録音機の準備をして数分もしないうちに、ロワイヤルさんが部屋へ入ってきた。彼女はやわらかいライト・グリーンを基調にした服に身を包み、スカートだった。

「お待たせしました」という彼女を見ながら、「若いなあー」と私は感心させられた。五二歳だというのに服装も若々しいし、発せられるオーラにおばさんくささが全くない。彼女は一般雑誌の表紙に載るぐらいで、それが様になっている。まるで、モデルのようだ。

記者はイタリアや東欧など、各国の人々がそろっている。

そして、インタビューが始まった。

「ここで大統領選挙に出ると私は宣言しませんよ」と冒頭で彼女はいったのだが、フランスのか

「大統領選に出るとは言いませんよ」（ロワイヤル）

わるべき姿を口にするたびに、自分が大統領になったらこうする……という気持ちがそこには込められていたように思う。

「フランス人はいまのようにいつまでも傲岸であってはならない」といった。取材時間は三〇分だった。時間が終わりに近づき、最後に私たちは尋ねた。

「同性カップルの結婚には賛成ですか」

彼女はその問いには直接には答えなかった。明確に反対の立場を示してきた彼女があえて同性婚の是非に言及しないのは彼女の変化なのだろう……と思った。彼女は、同性カップルに育てられている子ども達（二〇万人いるともいわれている）の問題が先決して解決されるべきだといった。

◆ロワイヤルが正式出馬

九月二九日、ロワイヤルさんがついに大統領選挙に出馬することを正式に宣言した。

支持者を前にした集会で次のように発言した。

「私はフランスの利益のためにこの使命を引き受けることにしました。私は社会党の党員選挙に出馬します。そして、二〇〇七年四月に行われる大統領選挙でフランス人の信任を得ることを望みます。」

「団結しよう、左翼勢力を結集しよう、そして動きだそう。私たちの国のために私たちが何ができるかを問いましょう。自由・平等・友愛・連帯といった理想を断念することなく、急激な変化に立ち向かう勇気を持ったフランスを想像しましょう。勝利に向けて今日は最良の日です。」

「企業・給与所得者・公権力の契約に基づく公正で秩序ある経済を、右派よりもむしろ左派がつくれると私は考えています。」

「官僚の手でがんじがらめにされたフランスでなく、革新的で創造的なフランスを創りましょう。」

「私はフランスがヨーロッパと世界で名誉ある地位につくことを望みます。」

社会党は二〇〇六年一一月、党大会を開き、約二〇万人の党員投票で公認候補を選ぶ。

社会党支持者の中でセゴレーヌさん支持は五〇％を越えており、同党公認になるのは確実だ。他に出馬を表明しているのは、ローラン＝ファビウス元首相、ドミニク＝ストラス＝カーン元財務相、ジャック＝ラング元文化相だ（二〇〇六年一〇月一日時点）。意欲のあったジョスパン元首相は不出馬を表明した。

ロワイヤルさんは「新しい社会党」の象徴になっている。社会党に失望してきた人々を取り込む魅力を彼女は持っている。しかし、彼女の力は未知数だ。重要な大臣職についたことのない政治経験の浅さは、新鮮さを出しているが、危うさも抱えている。移民二世であるにもかかわらず、下からはい上がり、権力の階段をかけ登ってきた人間ブルドーザー・サルコジ氏は手強い。対等にやりあえるのか、不安定要素は多い。ただ、人気は低いが、理論家で堅実なタイプの夫・オランド第一書記と夫婦二人三脚で臨めば、サルコジの馬力にうち勝てるかも知れない。

男性優位のフランス社会で女性大統領が初めて誕生すれば、世界に衝撃を与えるであろう。二〇〇八年にはアメリカで大統領選挙が行われる。ロワイヤル大統領誕生は、出馬が確実視されている民主党の上院議員・ヒラリー＝クリントン（Hillary Clinton）さんへの風になろう。ドイツ、フランス、アメリカの女性首脳三人がサミットで並ぶ姿が目に浮かぶ。

第8章　日本より一〇倍面白い！　フランスの政党
――社会党から快楽党まで

1　フランスの国会事情

日本に存在する政党は自由民主党、民主党、公明党、社民党、日本共産党、国民新党、新党日本の七つである。フランスは日本の倍の数の政党が存在する。二〇〇四年の欧州議会選挙（全国八ブロックから成る比例代表制）では四三の政党が名簿をつくり選挙に臨んだ。

与党「国民運動連合」のような巨大政党から、ポルノ女優・ヌードダンサーらでつくる「快楽党」や王朝復権を目論む「王党派協会」といった弱小政党まで、多種多様な政党が存在する。ここではフランスの主な政党について解説したい。

議会での各党（会派）の議席数は表6の通りだ。

国民議会は会派を構成するためには二〇議席必要なため、「緑の党」の国民議会議員は三人、「左翼急進党」の議員は九人いるものの、会派を構成できず無所属扱いとなっている。与党は保守系の国民運動連合と中道系のフランス民主連合だ。

上院の民主社会欧州連合（Le Rassemblement démocratique et social européen）という会派は「左翼急進党」と「急進党」から成り、与党でも野党でもなく、会派に所属する上院議員には自由に投票する権利があり、党議拘束は存在しない。この会派は一八九二年に結成された「民主左翼」（Gauche Démocratique）の系譜をひくフランスで最も古い会派である。同会派の代表には、一九二九年八月一日生まれで、一九六六年から上院議員を務めている政界の長老・ジャック＝ペルティエ（Jacques Pelletier）氏が就いている。

表6　国民議会勢力分布
2006年6月現在

国民議会（下院）

	議席数
国民運動連合（UMP）	363
フランス民主連合（UDF）	30
社会党（PS）	150
フランス共産党（PCF）	22
無所属	12

元老院（上院）

	議席数
国民運動連合（UMP）	155
フランス民主連合（UDF）	33
民主社会欧州連合（RDSE）	16
社会党（PS）	97
フランス共産党（PCF）	23
無所属	7

2　右派・中道政党

A　国民運動連合（UMP）（L'Union pour un mouvement populaire）

二〇〇二年に共和国連合（RPR）、自由民主党（Démocratie libérale）、フランス民主連合の大部分が合併して形成されたドゴール主義を掲げる保守政党。ドゴール主義とはシャルル＝ドゴール元大統領の政治思想につけられた名前で、厳密な政治理念というより、プラグマティックな政治姿勢である。基本は「自主外交」「偉大なフランス」にある。国民運動連合（UMP）は現在、保守系・中道系議員の寄り合い所帯となっている。「同性愛は人類の脅威だ」という保守的な国民議会議員から「同性カップルの養子縁組は合法化すべき」「同性カップルの結婚を認めるべき」というリベラルな国民議会議員まで幅広い。設立当初は「大統領多数派連合」（l'Union pour la majorité présidentielle）という名称だったが、途中で現在の名称に変更された。

国民運動連合

共和国連合（Le Rassemblement pour la République）はシャルル＝ドゴール元大統領の系譜をひき、ドゴール主義という政治理念を受け継ぎ、一九七六年一二月五日にジャック＝シラク氏によって創設された。欧州統合には懐疑的であり、共和国連合（RPR）時代のシラク氏は欧州統合を批判する演説を数多く行っており、欧州憲法が国民投票にかけられたとき、極右政党がかつてのシラク氏の言動を引用し、一貫性のなさをからかった。

自由民主党は一九七七年に結党された共和党（Le parti républicain）が前身で、九七年にUDFを離脱し党名を変更した。「市場主義万歳！」のウルトラ・リベラリズムの政党で、党首には一九七八年から国民議会議員を務めているアラン＝マドラン（Alain Madelin）氏が就いていた。

国民運動連合、左翼、極右までイラク戦争に反対し、フランス国民の九〇％以上がイラク戦争に批判的であったのに、マドラン氏はフランスでは珍しく「中東を民主化する」という理由からイラク戦争支持を表明した。二〇〇二年の大統領選挙に出馬したものの、わずか三・九一％の得票しかとれず惨敗した。

B　フランス民主連合（ＵＤＦ）（L'Union pour la démocratie française）

一九七四年から八一年まで大統領を務めたヴァレリー＝ジスカール・デスタン（Valéry Giscard d'Estaing）氏が非・ドゴール派の中道政党をまとめて一九七八年に結成された「中道主義」（centrisme）を掲げる政党で、二〇〇二年にＵＭＰが結成されたとき、フランス民主連合（ＵＤＦ）の約半分の議員がそちらに合流したが、半分はＵＤＦに残り、いまも政党の体をなしている。欧州統合には一貫して賛成の立場をとっている。フランソワ＝バイルー（François Bayrou）氏が九八年から党首の座にあり、二〇〇二年大統領選挙に出馬して、六・八四％の票を獲得し、善戦した。

フランス民主連合

C　急進党（Parti radical）

上院会派「民主社会欧州連合」を構成する政党の一つ。中道より少し右といった政治的立場をとっている。一九〇一年に創立された。ＵＭＰが結成される前はＵＤＦに所属することが多かったが、いまではUMPに近く、二〇〇二年の大統領選挙第一回投票ではシラク大統領を支持した。急進党は現在、一七人の国民議会議員がUMPに所属し、五人の上院議員が「民主社会欧州連合」に所属し、一人の上院議員はUMPに所属している。「政教分離」(laïcité) を尊重する同党の政策は以下の通り。

・若者に自己実現できる方法を与える。
・あらゆる社会階層・あらゆる世代の「連帯」(solidarité) を優遇する。
・契約に基づく社会的対話を奨励する。
・国家を近代化 (moderniser) し、地方分権化の活力を取り戻す。
・教育困難な子どもの援助を強化する。
・政府のコストをおさえ、経済を近代化する。
・社会的な対話を回復し、世代を越えた人々の連帯をつくる。
・市民の安全と環境を両立できる産業活動とエネルギー政策を実行する。
・人々の安全を保証する。
・真にヨーロッパ市民であると国民が自覚できるようにする。

3 左派政党

D 社会党 (PS) (le Parti Socialiste)

一九七一年にフランソワ＝ミッテラン氏がジャンピエール＝シュヴェーヌマン氏、ピエール＝モーロワ氏らと共に結成した政党で、ミッテラン氏が初代・第一書記（党首）を務めた。ミッテランは一九六五年、一九七四年と大統領選挙に出馬し落選した末、一九八一年に大統領に就任する。ミッテラン氏は大統領就任後、公約として掲げた死刑廃止・最低賃金や社会手当（老齢年金・家族手当・住宅手当など）の引き上げ・六〇歳定年制・富裕税の導入・大規模な国有化・地方分権化を実行した。

ただ、深刻なインフレが起きたため、政府は一転して緊縮財政に転換した。とくに、活躍したのがローラン＝ファビウス産業相（当時）で、構造不況産業（製鉄・造船・石炭）や成熟産業（自動車・電話）などの企業合理化＝余剰労働力の削減を行った。

一九八四年七月には「政治の若返り」「イメージの刷新」を目標に、わずか三七歳にしてファビウス氏が首相に就任した。緊縮財政と企業活性化を狙いとした減税策など、英国のマーガレット＝サッチャー女史、米国のロナルド＝レーガン氏顔負けの「小さな政府」をめざし、ネオ・リベラリズム路線に転換した。八五年予算案は経済再建を軸にした超緊縮型予算で、歳入面では所得税・法人税の減税、社会保障関係の国民・企業負担の軽減、社会保障支出削減が打ち出された。インフレ政策は成功し、八一年に一四％を記録したインフレ率も、八五年には五％以下となった。た

社会党

だ、失業者対策は完全に破綻し、八〇年〜八五年で増えた失業者の数は約七五万人増加。八五年には失業率は一〇・四%、失業者の数は三〇〇万人に達した。

一九八六年三月の国民議会選挙で社会党は大惨敗を喫し、保守が過半数を上回り、ジャック＝シラク内閣が誕生する。フランス史上、初の保革共存である。

一九八八年の大統領選挙でミッテラン氏は再選し、続く国民議会議員選挙でも辛勝した。一九九三年の国民議会選挙で社会党が大敗し、第二次保革共存となったが、ミッテラン氏は一四年間、安定した政権運営を行った。ミッテラン氏は欧州統合をめざした。

二〇〇二年から社会党は野党にあり、九七年から社会党第一書記（党首）を務めているフランソワ＝オランド（François Hollande）氏のもと、二〇〇七年大統領選挙と、続く国民議会議員選挙での勝利をめざしている。

E　フランス共産党（ＰＣＦ）（le Parti Communiste français）

第一インターナショナルと呼ばれる共産主義の政治団体「国際労働者協会」のフランス支部（La section française de l'Internationale ouvrière）が一九二〇年にトゥール（Tours）で行った大会で分裂し、多数派が共産党を結成した。第二次世界大戦中はレジスタンスとしてナチスに抵抗し、戦後すぐにできたドゴールを首班とする内閣に加わった。戦後はソビエト連邦との関係が深く、ソ連崩壊後に自己批判する。一九七二年には社会党と共同のマニフェスト（政権公約）を作成する。ただ、共同マニフェストは一九七八年に破棄された。一九七九年にはソ連によるアフガニスタン侵略を当時の党首（第一書記）が支持を表明した。一九八一年、フランソワ＝ミッテラン氏が大統領に就き、ピエール＝モーロワ氏が首相になると、共産党は政権に参加し、交通相、保健相など同党から四人の閣僚が出された。一九八四年七月には社会党がローラン＝ファビウス氏を首相にする内閣をつくったが、共産党は政権から離脱した。離脱の芽は八三年の社共会談にあり、共産党は政府の緊縮政策や、同党支持基盤の石炭部門の合理化を含む産業再編成政策＝合理化に強く反発した。外交面では、ソ連のＩＮＦ（欧州中ミサイル）交渉でソ連の態度を受け入れない社会党に親ソ連の共産党は反発した。

PCF
Parti communiste français

フランス共産党

一九九七年の国民議会選挙で社会党が圧勝し、社会党のリオネル＝ジョスパン第一書記（党首）が首相になり内閣をつくると、共産党も緑の党、共和国市民運動、左翼急進党とともに連立に加わった。共産党からは若者スポーツ担当相、設備・運輸・住宅相、観光問題閣外相のポストに三人が就いた。

閣内に入ってから共産党は政権内で目立ったことをせず埋没したために党勢は衰え、二〇〇二年大統領選挙では一九九四年から二〇〇一年まで共産党の全国書記（党首）を務め、ジョスパン内閣の立て役者の一人であるロベール＝ユー（Robert Hue）氏が出馬したものの、公費助成のラインとなる五％を下回る過去最低の九六万四八〇票（三・三七％）しかとれず、泡沫候補状態だった。続いて行われた国民議会選挙では三五議席から二一議席まで議席を減らした。

ジョージ＝マリー＝ビュッフェ共産党全国書記

共産党は二〇〇一年から女性のジョージ＝マリー＝ビュッフェさんが全国書記を務めている。共産党は欧州統合に反対の立場で、二〇〇五年の欧州憲法をめぐる国民投票では、「アンチ新自由主義」(anti-libérale)の立場から「新自由主義的すぎる」と欧州憲法を批判し反対の立場を鮮明にした。ビュッフェ全国書記はテレビや新聞などで多く露出するなど、共産党のイメージ向上に貢献した。二〇〇六年二月現在で、共産党の党員は一三万四〇〇〇人だ。

F　共和国市民運動（ＭＲＣ）(Le Mouvement Républicain et Citoyen)

社会党の創立者の一人・ジャンピエール＝シュヴェーヌマン氏が社会党を離党して、一九九三年五月につくった「市民運動」(Le Mouvement des Citoyens)が前身。一九九三年から二〇〇一年までシュヴェーヌマン氏が党首を務める。一九九七年の国民議会議員選挙では七議席を獲得し、ジョスパン内閣に参加、シュヴェーヌマン氏は一九九七年六月四日、内務相に任命された。しかし、二〇〇〇年四月九日にコルシカ島のナショナリズムの運動をジョスパン内閣が容認したことに反発して辞職し、連立から離脱した。そして、ジョスパン氏に対抗する形でシュヴェーヌマン氏は二〇〇二年の大統領選挙に出馬し、五・三三％を獲得し、善戦した。

「共和国市民運動」(ＭＲＣ)は「市民運動」が母体となって二〇〇三年一月下旬に新たに

共和国市民運動

結成された。「左翼」（gauche）であると同時に、「国家主権主義」（soverainisme）、「共和主義」（républicanisme）を基本理念にしていることから、欧州統合には反対の立場をとり、反米・反グローバリズムを掲げている。原発には賛成の立場で、湾岸戦争、イラク戦争に反対した。

一九三五年一一月二六日生まれのジョージ＝サール（Georges Sarre）氏が二〇〇四年一二月から同党第一書記（党首）に就き、シュヴェーヌマン氏は名誉党首の座にある。サール氏は一九九五年からパリ第一一区の区長を務めていて、一九八一年から二〇〇二年まで国民議会議員を務めた。

Ｇ　左翼急進党（ＰＲＧ）（Le Parti radical de gauche）

一九〇一年に創立された「共和国急進社会党」（Parti républicain, radical et radical-socialiste）の系譜をひく政党で、一九九八年に「左翼急進党」に改名した。現在の党首は元・国民議会議員で、一九八六年から上院議員を務めているジャン＝ミシェル＝バイレ（Jean-Michel Baylet）氏。

「急進主義」（Radicalisme）、「社会的自由主義」（Social-libéralisme）、「左翼」（Gauche）を基本理念にしている。一九九四年の欧州議会議員選挙では、歌手・俳優・映画監督のベルナルド＝

Parti Radical de Gauche

左翼急進党

タピ（Bernard Tapie）氏を代表にして「急進的なエネルギー」（Énergie Radicale）を結成して臨み、上位から四番目の二三四万四四五七票（一二・〇三％）もの票を得て、一三議席を獲得し圧勝した。二〇〇二年大統領選挙では、南アメリカにあるフランス領ギアナ（Guyane）選出で一九九三年から国民議会議員を務めている女性のクリスティアーヌ＝トービラ（Christiane Taubira）氏を擁立した。彼女はフランスで唯一の黒人の国民議会議員で、六六万四四七票（二・三二％）にとどまり、惨敗した。左翼急進党には現在、九人の国民議会議員がいる。欧州統合には賛成の立場で欧州憲法にも賛成するキャンペーンを行った。

4　環境主義政党

H　緑の党（Les Verts）

フランスの国民議会・上院・欧州議会に議席を持つ唯一の環境主義政党で一九八四年に創立された。一九八八年大統領選挙では初めて候補者を擁立、アントワーヌ＝ヴェシュテル（Antoine Waechter）候補が約一一五万票（三・八％）を獲得した。一九八九年の欧州議会選挙にヴェシュテル氏を代表に名簿をつくり臨んだ結果、上位から四位の一九二万二九四五票（一〇・五九％）を得て九議席獲得した。一九九五年大統領選挙では、同党創立者の一人で女性リーダーのドミニ

緑の党

ク＝ヴォワネ（Dominique Voynet）氏が出馬して、一〇一万一四八八票（三・八％）を得た。一九九七年の国民議会選挙では緑の党は七議席を獲得し、社会党のリヨネル＝ジョスパン氏を首相とする内閣に加わり、ヴォワネ氏が環境相に就いた。一九九九年欧州議会議員選挙では、パリ五月革命の英雄・ダニエル＝コーンベンディット氏を代表にして臨み、上位から四位の一七一万五四五〇票（九・七二％）を得て、九議席獲得した。二〇〇二年大統領選挙では、ニュースキャスター出身のノエル＝マメール（Noël Mamère）氏が出馬して、初めて公費助成ラインの五％を上回る一四九万五九〇一票（五・二五％）を得た。

二〇〇五年の欧州憲法をめぐる国民投票では、賛成するキャンペーンを展開した。政策では、フランスの主要な全政党が原発賛成なのに対し、緑の党は反原発を掲げている。また、遺伝子組み換え作物やグローバリズムにも反対している。同性カップルが子どもを養子縁組する権利や同性カップルが結婚する権利を認めるべきだと主張し、もっとも同性愛者にやさしい（ゲイ・フレンドリーな）政党といわれている。

｜独立エコロジー運動（Le Mouvement écologiste indépendant）

フランス緑の党の創立者の一人・アントワーヌ＝ヴェシュテル（Antoine Waechter）氏が同党を離党して、一九九四年に結成した政党で、「左翼にも右翼にも属さない純粋な環境主義」を政治理念にして、素朴ともいえる次のような環境政策を掲げている。

・自然に対する暴力を告発する。
・狼を殺すことは正当化できず反対する。
・密猟者とこれを規制すべき当局との驚くべき癒着を告発する。
・自然空間を保護しようとする動きが後退していることを非難する。
・動物実験、汚染、過剰なコンクリート使用を批判する。
・環境憲章を非妥協的に実行する。
・ピレネー山脈の熊を緊急に保護し生息数を増やす。

一般的な政策としては次のようなものを掲げている。

・中小零細企業を支援する税務上・行政上の環境をつくる。今日においては中小零細企業が六〇％の雇用を創出している。
・質を重視する。とくに食料生産においては、（機械でなく）人の手による製品が増えることを要求する。
・ワーク・シェアリングを実行し、労働時間の短縮を支持する。
・国家予算の巨大赤字を減らす。公金の無駄遣いを徹底して減らす。
・地方の航空に対する補助金をやめる。
・高速道路の計画をやめる。
・すべての人、すべての商品物流のために鉄道機関を改革する。

・田舎町での生活の質を高める。
・消費者と生産者の距離を縮めるために経済を改革する。
・健康に優しい食料を生産する。
・質の高い風景を創り出す。
・水・空気・土を尊重する。
・田舎の経済に貢献する。

欧州憲法にはヴェシュテル党首は賛成したものの、党としては反対の立場をとった。

Ｊ　エコロジー世代（Génération écologie）

二〇〇四年米国大統領選挙に民主党から出馬したジョン＝ケリー（John Kerry）氏の従弟にあたるブリース＝ラロンド（Brice Lalonde）氏によって一九九〇年に創立された環境主義政党。ラロンド氏は若い頃から左翼政党で活動し、一九七四年大統領選挙ではエコロジストの候補者・ルネ＝デュモン（René Dumont）氏の選挙対策責任者を務めた。一九八一年大統領選挙では、ラロンド氏自らが出馬し、一一二万六二五四票（三・八八％）を獲得する。

「エコロジー世代」の政治的立場は右寄りで一時期はＵＭＰと協力関係にあった。女性のフランス＝ガメール（France Gamerre）氏が現在党首を務め、二〇〇七年大統領選挙の出馬をめざしている。欧州憲法の国民投票では賛成の立場をとった。

スローガンは「嘆くより行動しよう」（agir et pas gémir）で、基本的理念として「専門知識」

「現実主義」「具体的な提案」「ボランティアと積極的行動」「他の政党とのあらゆる対話」を掲げている。

5　極右政党

K　国民戦線（FN）(Le Font National)

王朝復活をもくろむ王党派、カトリック・ロビー、戦前からのファシストの流れをくむ極右の政治勢力が入り混ざって一九七二年六月に設立された。ジャンマリー＝ルペン氏が創立以来、党首の座についている。党内権力党争が絶え間なく、何度も分裂を繰り返し、王党派やファシストの勢力は消えて行き、いまではルペン党首の個人政党に近く、党首のカリスマ性から常に一〇～一五％の間で支持を獲得している。本来であれば左派政党を支持するはずの現場労働者、失業者、若者が現在では熱烈に国民戦線を支援している。かつては反共主義の立場から、政府は市場にいっさい介入すべきでないとする新自由主義の立場だったが、ソビエト連邦が崩壊し社会主義が廃れてからは、市場主義一辺倒でなく保護主義的な要素も取り入れている。「極右」と呼ばれているが、党内機構は共産党を真似てつくられたり、湾岸戦争・イラク戦争・コソボ空爆に反対したり、欧州憲法に反対するなど、左翼

国民戦線

的な要素もある。次のような政策を掲げている。

・移民の制限。
・たとえフランス国籍を持つ移民や移民二世・三世でも、犯罪を行った場合は出身国へ強制送還させる。
・伝統的な生活様式を保護する。特に農民を尊重する。
・フランス国内のモスク建設の停止。
・麻薬の密売人や、小児性愛などの性犯罪者、殺人者、テロリストを特に対象として、死刑を復活させる。
・公務員の削減。
・減税。
・極左に操られているような団体に対する補助金の廃止。
・放任主義を減らし、道徳の復権をはかる。
・犯罪者や移民には寛容ゼロ（tolérance zéro）で臨む。
・同性カップルも締結できるパクスの廃止。

L　共和国運動（ＭＮＲ）（Le Mouvement national républicain）

一九九九年に国民戦線を離党したブルノー＝メグレ氏が創立した政党で、「知的なナショナリズム」をめざしている。ただ、二回の欧州議会選挙、大統領選挙で惨敗するなど党勢は衰える一方で、メグレ氏について国民戦線を離れた人たちの中に国民戦線に戻る人が増え、次の「フランスのための運動」に入党する人も後を絶たず、存亡の危機に立たされている。次のような政策を掲げている。

・フランス文化・フランスの生活様式を保守し、フランス人のアイデンティティを守る。
・死刑復活。
・移民流入のストップ。
・伝統的価値の保護。
・責任感のある自由な国民の育成。
・共同体の保守。
・自国の歴史に誇りを持つ。
・信仰心（カトリック）の尊重。

共和国運動

M　フランスのための運動（MPF）(Le Mouvement pour la France)

欧州統合に反対して共和党を離党したフィリップ＝ドヴィリエ氏が一九九四年に一一月二〇日に設立した政党で、設立当初から、ドヴィリエ氏が党首に就いている。「伝統主義」(Traditionalisme)、「国家主権主義」(Souverainisme)、「国家主義」(Nationalisme)を基本理念に掲げている。一九九九年の欧州議会選挙（比例代表制）ではシャルル＝パスクワ元内務大臣と共に「フランスのための連合」(Le Rassemblement pour la France) という共同戦線の政治団体をつくり臨んだ。一位の社会党につぐ二三〇万四二八五票（一三・〇五％）を獲得し、一三議席を得て、大勝した。二〇〇五年一二月時点で一万六二〇〇人の党員がいる。次のような政策を掲げている。

・移民流入のストップ。
・反イスラム主義。
・反労働組合。
・家族という価値の擁護。
・持続的な農業の奨励。
・死刑復活。
・トルコのＥＵ加盟反対。
・ＥＵ官僚の欧州支配に反対。
・テロリズムに対する欧州の共同戦線。

MPF
Mouvement Pour la France
フランスのための運動

6 極左政党

N 革命的共産主義者同盟（LCR）（La Ligue communiste révolutionnaire）

反スターリニズムを掲げ、第四インターナショナルにつらなる極左政党で、プロレタリア独裁を放棄し、議会制民主主義に則った政治を尊重している。スローガンは「一〇〇％左翼」（100%

gauche)。第四インターナショナルとはロシアの革命家・レフ＝トロツキーが、ヨシフ＝スターリンの第三インターナショナル（コミンテルン）に対抗して結成された国際共産主義組織で、世界革命をめざし、各国に組織がある。

「革命的共産主義者同盟」（ＬＣＲ）は一九三〇年に結党された「フランス共産主義同盟」(Ligue communiste de France)の系譜にある。基本理念は「マルクス主義」(marxisme)、「トロツキズム」(trotskisme)、「共産主義」（communisme）である。

フランスでは大統領選挙に出馬するためには、地方議員・国会議員・首長の署名を五〇〇人分集めなければならない。一九八一年の大統領選挙でＬＣＲは出馬を試みるものの、五〇〇人の署名が集まらず、第一回投票で同じトロツキストのアルレット＝ラギエ候補への投票を訴え、決選投票ではミッテラン候補を支持した。一九八八年大統領選挙では統一社会党（Le Parti socialiste unifié）ともにピエール＝ジュカン(Pierre Juquin)候補を応援したが、第一回投票で同候補は二・〇八％の票を得るにとどまった。

革命的共産主義者同盟

ソ連が崩壊するとＬＣＲは「新しい時代、新しい綱領、新しい党」という次のような宣言をした。

「新しい時代では社会主義は時代遅れになった。しかし、資本主義が諸問題を解決してきたわけではない。歴史の終わりではなく、階級闘争は続く。新たな危機は起きるだろうし、資本主義による新たな矛盾は明らかになるだろうし、新たな戦争・新たな革命が起きるだろう。」

「新しい綱領では資本主義から社会主義へと向かう新たな戦略を模索するためにもスターリニズムと社会民主主義を総括する。」

「新しい反資本主義の党を創る必要がある。」

一九九九年の欧州議会選挙では、極左政党「労働者の闘い」と共同リストをつくって臨み、「労働者の闘い」が三議席、ＬＣＲが二議席獲得した。一九七四年に一度だけ大統領候補を擁立したＬＣＲは、二〇〇二年の大統領選挙では当時二七歳だった郵便配達員・オリヴィエ＝ブザンスノ（Olivier Besancenot）氏を擁立した。ブザンスノ候補はまったくの無名の新人であるにも関わらず共産党候補を上回る一二一万五六二票（四・二五％）を獲得し善戦した。

二〇〇五年の欧州憲法をめぐる国民投票では反対の立場をとり、ブザンスノ氏がメディアに露出して反対の論陣を張った。同党には「党首」という肩書きは存在しないが、実質的にはブザンスノ氏が党首になっている。

機関紙として週刊『ルージュ Rouge』（赤）を発行している。

○ 労働者の闘い（ＬＯ）（Lutte ouvrière）

「国際主義」（Internationalisme）、「極左」（Extrême gauche）、「共産主義」（Communisme）、「トロツキズム」（Trotskisme）を政治信条とする政党で一九三九年に結成された。いまだにプロレタリア独裁を夢見るシーラカンス的な左翼政党である。一九七四年以来、大統領選挙に毎回、アルレット＝ラギエ女史が出馬し、ラギエ氏はいまでは政界の有名人になっている。「労働者の闘い」（LO）では「党首」という肩書きは存在しないが、実質的にはラギエ氏が党首扱いされている。機関紙として週刊『労働者の闘い』（Lutte ouvrière）を発行している。LOは次のような政策を掲げている。

労働者の闘い

・（労働者の）徴用という苦痛（peine de réquisition）のおかげで利益を得ている全企業で（労働者の）解雇を禁止する。
・ガス、電気、高速道路、交通機関などを無料にする。
・間接税を廃止し、企業の利益に対する税金を引き上げる。
・民営化のプロセスを停止し、水やガスなど人々の基本的欲求の領域に関わる企業を国営化する。
・託児所や、手頃な値段の賃貸住宅、集団住宅（installations collectives）をあらゆる地域で建設する。
・託児所、病院、老人ホームで雇用を創出するために、企業に対する補助金を廃止する（それでできたお金を雇用創出につかう）。

P　労働党（PT）（Le Parti des travailleurs）

「トロツキズム」「国際的共産主義」「政教分離を徹底する社会主義」「無政府主義的組合主義」（anarcho-syndicaliste）を政治信条とする政党で一九九一年に結成された。政策として、「階級闘争」「学校や国家の政教分離の支持」「反民主主義的制度の撤廃」「政党と組合の独立的関係の支持」を掲げている。二〇〇二年大統領選挙ではダニエル＝グリュックスタン（Daniel Gluckstein）党首が出馬したものの、わずかに一三万二六八六票（〇・四七％）を獲得したのみで、ダントツで最下位であった。

労働党

7 その他

Q 快楽党（Le Parti du Plaisir）

二〇〇一年にヌードダンサーやポルノ女優など性労働者《セックスワーカー》の女性が中心となって設立された。Tバックにブラジャー姿や、胸を露出した格好で選挙運動を行うなどしたことから、メディアで注目を浴びた。党首はポルノ女優&ヌードダンサーのサンディー＝リー（Cindy'Lee）さんが務めている。「戦争をやめてセックスをしよう」など奇抜な政策・スローガンを掲げている。政策は以下の通り。

・コンドームを一個〇・一ユーロ（約一五円）で配布する。
・孤独に悩む人や失恋者を救う救急車制度を創設する。
・あらゆる性暴力と闘う。
・人種差別、ユダヤ人差別、ゲイ嫌悪、レズビアン嫌悪と闘う。

・裸になって行動できる場所（Zone）をつくる。
・同性カップルに子どもを養子縁組する権利を与える。
・「愛の日」という休日をつくる。
・すべての人に快楽を得られる権利を与える。大人も含めて性教育を強化する。中学校でも性教育を徹底して行う。
・刑務所の中にセックスができる面会所をつくる。
・高校でナンパ（séduction）を教える授業をつくる。
・反原発。遺伝子組み換え作物・反対。車の使用を減らす。
・長くフランスで暮らしている移民に投票権を与える。
・衛生・安全の観点から、売春宿（les maisons closes）を合法化する。

R　狩猟・釣り・自然・伝統（CPNT）（Chasse - Pêche - Nature - Traditions）

ジャンサン＝ジョス（Jean Saint-Josse）氏が一九八九年九月に創設した政党で、フランスの田舎の伝統的な価値を守ることを目的としている。一九九九年欧州議会議員選挙では一一九万五七二七票（六・七七％）を獲得して六議席得た。二〇〇二年大統領選挙ではジョス党首が出馬し、一二〇万四六八九票（四・二三％）を得た。二〇〇四年欧州議会議員選挙ではわずかに一・七三％獲得したのみで全議席を失った。同党の目的は「差異・アイデンティティ・各人の欲求という観点から、すべての人が（健康的に）成長し最良の生活をおくれるように、田舎の町などで調和がとれ均衡がとれた形で土地を整備する」ことで、「あらゆる自由を守り、この国でよく生きるために、差異の権利や寛容の精神を尊重し、普遍的な価値を守る」と宣言している。党名の由来を、「狩猟は革命的な祖先から受け継がれたもので、釣りは先祖代々の経済活動や情熱であり、自然は人間に叡智を与える」として、伝統とはこれらが混在したものだと説明する。同党では「伝統」がもっとも高い価値になっている。『伝統』とは必ずしも過去に向かうものではない。伝統は国家のアイデンティティの中で、毎日進化し続ける私たちの文化を永続させる」と説明する。

S　二一世紀のための市民性・行動・参加（CAP 21）（Citoyenneté, Action, Participation pour le 21ème siècle）

CAP21

一九九五～九七年、環境相をつとめた女性のコリーヌ＝ルパージュ（Corinne Lepage）氏が九六年に設立した政党で、共和国の理念を守るエコロジー的改革主義を理念にしている。左でも右でもなく、中道主義をとっている。「慎重でありながらイノベーションをめざす原則が政治の主たる原則になる」ことを提案し、「共和国の契約という価値に則って、社会を人間的・エコロジー的なものに改革する」と宣言する。「CAP21」は基本理念として次の九つの価値を掲げている。

・人間と自然こそが最大の関心事であらねばならない。
・倫理と責任という概念が市場経済の中心にあらねばならない。

・経済は持続可能な発展に寄与する道具にすぎない。
・「慎重さ」（précaution）という原則が政治的行動の原則であるべきだ。
・自由・平等・博愛はあらためて再確認されるべき理念である。
・連帯の精神によって排除に立ち向かうべきだ。
・消費者は健康を守り環境を擁護する主役であるべきだ。
・グローバル化は人間と地球の利益のために規制されなければならない。
・民主主義の意味を見いださなければならない。

二〇〇二年大統領選挙でルパージュ党首は五三万五八三七票（一・八八％）を獲得した。二〇〇四年欧州議会選挙では、イルド・フランス地方圏のブロックのみに党首を立てて臨み、三・六％の票を獲得した。

T 連邦党（le Parti fédéraliste）

ジャンフィリップ＝アランバシュ（Jean-Philippe Allenbach）氏が創立した政党で「パリに対抗する地方」「連邦主義」を掲げている。二〇〇五年から一九六五年三月一五日生まれの若手政治家・クリスチャン＝シャヴリエ（Christian Chavrier）氏が党首を務めている。次のような政策を掲げている。

・各地方圏（州）に議会と政府をつくる。
・すべての直接税を各地方圏（州）に与える。

・完全雇用の実現。
・公教育は各地方圏が独自に行う。
・各地域の文化・言語を尊重する。
・欧州連邦の建設。
・欧州連邦政府をつくる。
・失業を減らす。
・治安を回復する。
・各地域のアイデンティティを尊重する。

U 王党派協会（L'Alliance royale）

二〇〇一年に「君主制復活」を掲げて結成された政党で次のような主張をしている。
・ヨーロッパでいまだ聞こえない声に耳を傾けるべきだ。
・国家主権というものは独立の神話である。
・王朝のみがフランスで真の地方分権を可能にできる。
・王朝は宗教に対して寛容である。
・文化はイデオロギーから解放されなければならない。
・経済の発展は改革された政治機構によって達成される。
・経済的自由主義（libéralisme économique）は政治権力によって統制されなければならない。

・農業は我が国の存続に関わる問題である。
・家族は道徳の基盤である。
・教育はまず、家族の問題であるべきだ。

Ⅴ 白票党（LE PARTI BLANC）

「白票を投じよう！」と呼びかける政党。

第4部　フランス左派の発言

第9章　死刑廃止を断行――ミッテラン前大統領

◆ミッテラン前大統領の死から一〇年

フランソワ＝ミッテラン前大統領が亡くなってから今年（二〇〇六年）で一〇年になる。一九七一年にジャンピエール＝シュヴェーヌマン(*1)、ピエール＝モーロワ(*2)らと共に社会党を結成し、第一書記（党首）となった。一九八一年、第五共和制になってから初めて社会党からフランス大統領に当選。在任中は有給休暇拡大、法定労働時間削除、大学入試廃止、死刑制度廃止や私企業の国有化、社会保障費の拡大を図った。だが、インフレの進行で、自由主義的政策に転換を余儀なくされたものの、何度かの保革共存を経て九五年までの二期一四年間、大統領職を務めた。

＊1　シュヴェーヌマン（Jean-Pierre Chevènement）――一九三九年三月九日生まれ。一九七一年に結成された社会党の創立者の一人。一九七三年に国民議会議員に初当選、二〇〇二年まで務める。研究科学技術省（途中、研究産業省に改名）・大臣を一九八一年五月二二日から八三年三月二二日まで務めた後、一九八四年七月一九日から八六年三月一九日まで文化相を務める。一九八八年五月一三日から九一年一月

二九日まで防衛相を務めた後、一九九七年六月四日から二〇〇〇年八月二九日まで内務相を務める。一九九三年五月一日、社会党を離党し、新党「市民運動」(Mouvement des Citoyens) を結成し代表に就任、二〇〇一年まで務める。二〇〇二年の大統領選挙に出馬し、五・三三%を獲得し善戦した。二〇〇三年一月には政党の名称を「共和国市民運動」(Mouvement républicain et citoyen) に変えシュヴェーヌマンは名誉党首に就任、国家主権を尊重する (Souverainisme) の左派政党と謳っている。二〇〇五年の欧州憲法をめぐる国民投票では反対運動を展開した。

＊2　モーロワ (Pierre Mauroy) ――一九二八年七月五日生まれ。一九七一年に結成された社会党の創立者の一人。一九七三年から九二年まで国民議会議員を務める。一九九二年から現在まで上院議員を務めている。一九八一年五月二二日から八四年七月一七日まで首相を務めた後、一九八八年から九二年まで社会党第一書記 (党首) を務めた。

一〇代後半からの極右運動やレジスタンス活動など、目まぐるしい人生を送ったミッテラン氏は「私は最後の偉大な大統領になろう」と予言した。自分のあとに続くのは、官僚的な政治家か普通の政治家しかいないことを予測してそう口にしたのだろう。ジャック＝シラク大統領をして、ミッテラン氏やシャルル＝ドゴール氏といった歴代大統領に匹敵する「偉大な大統領」と評価する人はまずいない。二〇〇七年の大統領選挙に出馬するメンツを見ても、「偉大さ」とはかけ離れた政治家ばかりだ。本命のロワイヤル氏にしてもサルコジ氏にしても「庶民派」をウリにしており、荘厳な雰囲気などどこにもない。ミッテラン氏の持っていた「神秘的」なイメージも持ち合わせていない。ミッテラン氏の予言はいまのところ、当たっているといえよう。

ミッテラン氏に関してフランス人の評価は人それぞれだ。

グリンピースの舟を、工作員をつかって爆破させたり、政敵やジャーナリストの盗聴を命じたりしたミッテラン氏は権力術に長け、したたかで残酷な権力者の一面を持っている。ミッテラン氏は老獪な政治家でもあった。一九八八年四月二八日のテレビ討論での話である。この年は大統領選挙にあたり、再選をめざすミッテラン大統領に対してジャック＝シラク首相（当時）が立ち向かった。ミッテラン氏と一対一のテレビ討論でシラク氏はこういった。

「今夜私は首相ではないし、あなたも共和国大統領でないと言いたい。われわれ二人は同じ立場にあり、フランス国民の審判に任された候補者である。したがって私はあなたを『ミッテランさん』と呼ぶことを許してもらいたい。」

これに対するミッテラン氏の返答は彼の老獪さをよく表している。

「全くあなたの言うとおりだ、首相閣下（Monsieur le premier ministre）」

多くの視聴者が見守る中でのユーモアある切り返し。シラク氏にとって屈辱であり、侮辱であったにちがいない。フランス人はこれを見て、ミッテラン氏とシラク氏の格の違いを感じさせられただろう。結果はミッテラン氏の圧勝だった。

● 「人間味あふれる『教養人』ミッテラン前大統領」（2006年1月1日付）

「改革をとめるな」「自民党をぶっ壊す」と絶叫した小泉純一郎や、フランス各地で起きた暴動に参加した若者を「社会のクズ」「ゴロツキ」と罵り、「一掃・浄化する」とブチ上げたフランスのニコラ＝サルコジ内務大臣、古くは「アメリカの側につくのか、テロリストの側につくのか」と宣言したジョージ＝ブッシュ米大統領らのような単純明快さがウケる世相を見るにつけ、はたしてフランソワ＝ミッテラン前大統領が生きていれば彼らをどのように評価したかと思う。ミッテランは純一郎的「単純」さとは対局にいる人だった。

日刊紙『フィガロ』が二〇〇五年二月一一日、一二日にフランスの有権者九五三人を対象にアンケートを行ったところ（二〇〇五年二月一四日、第六面に掲載）、「フランソワ＝ミッテランはどんな人物として思い起こされますか？」という問いに対して、「ミステリアスな人」という項目で「ハイ（＝Oui）」と答えた人が七九％もいた。「教養豊かな人」という項目では九三％が「ハイ（Oui）」と答えている。政見や随筆をしたためた二〇冊以上の著作を残したから「教養の人」として記憶されているのだろうし、単純には言い表せない複雑なキャラクター故に、「ミステリアスな人」として覚えられているのだろう。「無教養の象徴」のような小泉・ブッシュとは対照的といえる。

▼隠し子との面会スクープ写真の出版を容認した太っ腹

ミッテラン氏には好ましいエピソードがいくつかある。一つは氏のスキャンダルに絡む話だ。彼にはダニエル夫人の他に、三〇年来付き合いのあった愛人・アンヌ＝パンジョ（Anne Pingeot）さんがいた。一九四三年五月一三日生まれのアンヌさんはオルセー美術館に勤務し、二人の間には、ミッテラン氏と五八歳も年の離れた彼そっくりの隠し子・マザリーヌ（Mazarine）（一九七四年一二月一八日、生まれ）さんがいた。

大統領就任直後の記者団との朝食会の席上で、婚外子の娘について質問されたとき、「それがどうかしましたか？」(Et alors?) とミッテラン氏は切り返した。

これはフランスでよく知られたエピソードの一つである。

大統領を退任する前年(一九九四年)、二人が密会しているところをゴシップ週刊誌『パリマッチ』(Paris Match) がフォーカスし、それを掲載した。フランスのメディアでは政治家の性事・私生活には干渉しない「政性分離」が原則とされているから、同誌は各メディアから総スカンをくらった。しかし後に、ミッテラン周辺の証言によって分かったことなのだが、実はスクープ写真掲載はミッテラン氏の了解があったのだという。同誌編集者は大統領府を訪れ面会をもとめ、「大統領の了解なしには掲載しない」という意向を、ミッテラン秘書に伝えた。執務室に通された編集者が密会現場の写真を突きつけたときにミッテラン氏が発した言葉がふるっている。

「彼女はキレイだろう。そう思わないかい？」

そして、掲載することを承諾してもらえるかと問われたら、「私には干渉する権限があるとは思いませんがね」といい、容認をした。

大学生になった娘と公然と面会するミッテラン氏の姿を『パリマッチ』が好意的に取り上げることにより、マザリーヌさんの存在は国民の間で知られることになった。とはいえ、スキャンダルとしては受け取られず、国民からはむしろ好意を持って受け止められたという。

ミッテラン氏は同誌が発売する前に、マザリーヌさんに電話すると同時に、正妻ダニエル夫人の親友に電話をし、彼女に優しく接するように御願いしたという。女性に対しては、どこまでも気配りの人だったのだろう。

また、マザリーヌさんの存在をミッテラン氏はあえてこの時期に公表したかったという見方がある。マザリーヌさんは自らの父親が誰であるかいうことは許されず、小学生の頃、「うちのパパは大統領だ」と教師に伝えたら、精神がおかしくなったと思われたという。愛しい娘を一生、「隠し子」にしておくことを不憫に思い、「公の娘」として世間に知らせるため、彼女が大学受験を終えフランスの名門校・高等師範学校（l'École normale supérieure de Fontenay-Saint-Cloud）の入学が決まった時期にあえて公表したのかもしれない。

▼死ぬまで女性との逢瀬を楽しんだミッテラン

前立腺ガンに犯されたミッテラン氏が死ぬまで女性との逢瀬を楽しみ、朝帰りを繰り返していたというのも微笑ましい話だ。ダニエル夫人にも恋人がいたというから、二人はまさに成熟した大人の関係だったのだろう。ミッテラン氏は死ぬ約二週間前の一九九五年のクリスマスのバカンスをアンヌさんとマザリーヌさんとエジプトで過ごし、大晦日はダニエル夫人らと過ごした。ガンを煩い病床に伏せていたミッテラン氏は、絶命する二日前に投薬による延命治療を拒み、死期を選択した。愛人のアンヌさんが見守るなか、自宅で静かに息を引き取った。彼が亡くなったのは、大統領退任から一年もたたない九六年一月八日のことだった。栄華を極めた権力者というものは死の間際に立たされると往々にして、生にしがみつこうと取り乱すものだが、ミッテラン氏は自らの死を静かに受容した。政治家として人生のほとんどを過ごしてきたミッテラン氏は、やっとのことで手に入れた私人としての生活が束の間で終わってしまうという現実を前にして、何を思ったのだろうか。政治家ミッテラン氏にとって、政治家として生き、政治家として死んでいく自らの生に、悔いはなかったのかもしれない。

ミッテラン氏の死後、パリのバスティーユ広場で開かれた社会党主催の追悼集会には、その死を悼む数万人の人々が参加した。ミッテラン大統領の時代には、政治難民として多くのクルド人が受け入れられたからか、クルド人も多数参列し「クルド人民のために尽くしてくれてありがとう」と書かれた横断幕を掲げた。

ミッテラン氏の故郷で行われた葬儀には、ダニエル夫人とその息子たちとの横に、愛人親子が座り悲嘆にくれる姿がテレビに映し出された。この席の配置はミッテラン氏の遺言によってなされた。どこまでも配慮の人だったのだ。ミッテラン氏によく似た美形のマザリーヌさんが涙する姿にフランス人の多くは同情したという。

▼ミッテランが死刑廃止を断行した

小泉のように「決然」「断固」という言葉に象徴されるような猛々しさを演ずることのなかったミッテラン氏だが断固として決断したことがある。それは死刑廃止だった。ミッテラン氏が死刑廃止を掲げて大統領選挙に出馬した一九八一年は、フランス人の六三％が死刑に賛成し、反対したのはわずか三一％だった（週刊新聞『日曜ジャーナル（Le Journal de Dimanche）』八一年一月四日付）。ミッテラン氏の周囲ですら死刑廃止を掲げることに慎重な意見が多かったという。にもかかわらず、信念に依って彼はその主張を翻さず死刑廃止を公約にして、大統領領に就任するなり、死刑を廃止した。調査機関・ＩＰＳＯＳが一五歳～三〇歳の若者を対象にした二〇〇四年調査によれば、死刑支持派はわずかに三〇％、死刑廃止派がフランスの多数派となっている。

先にあげた『フィガロ』紙の調査では、ミッテラン氏の政策の中で最も特筆すべきものとして、一〇ある項目の中から二つ選べという質問で、死刑制度の廃止をあげた人はダントツ一位で五四％だった。二位の「（年間の）有給休暇を五週間にしたこと」「労働時間の四〇時間から三九時間への短縮」をあげた人は各々二七％だ。「死刑廃止」はミッテラン氏の最大の偉業として称えられている。

フィガロの調査では「大統領だった頃のミッテランを総合的に見た場合、あなたはどちらかといえば肯定的ですか、否定的ですか」という問いもある。「六〇％」の人が肯定的だと答え、「三六％」の人が否定的と答えている。ミッテラン氏は後世から支持される人物のようだ。

はたして、国民が熱狂して支持した小泉改革なり郵政民営化というものは、後世の人々から賞賛されるものだろうか。すでにメッキがはがれつつあるいま、その答えは心許ない。

（及川健二、『社会新報』）

――二〇〇五年二月一六日に、コメディアンの大御所・ミシェル＝ブーケ（Michel Bouquet）がミッテラン役を演じる映画『シャンマルス公園の散歩人』（Le Promeneur du Champ de Mars）がフランス全土で公開された。共産主義者のロベール＝ゲディギアン（Robert Guédiguian）氏

が監督で、ジャーナリストのジョージマルク＝ブナムー（Georges-Marc Benamou）氏の著作『ミッテランの最晩年』（Le dernier Mitterrand）を原作にしたこの映画は、病に苦しむミッテラン氏の姿を丹念に描いた名作だ。同映画はフランスではＤＶＤとなって販売され、私は売り出された当日に買った。残念ながら日本ではＤＶＤをフランスから輸入する以外に入手する方法はない。

第10章　人権活動家の語る「死刑・貧困・水飢饉・フランス暴動」

――ダニエル＝ミッテラン・インタビュー

二〇〇五年一一月二六日・「フランス自由協会」事務所にて。聞き手・及川健二

◆「死刑制度廃止は私の信念である」と宣言して当選した夫・ミッテラン大統領

――ダニエル＝ミッテランさんは年齢を感じさせないくらいにとても情熱的に活動していらっしゃいますね。そのエネルギーはどこから来ているのですか？　情熱の源は何なのでしょう？

D＝ミッテラン　この世に生まれてきた以上、この世の中を良くしたいと思いますし、社会をさらに発展させたいと思っております。元来、そのような性格なのかもしれません。このような意志がエネルギーの源です。また出会った人々、隣人を大切にしたいとも思っております。私は自らのエネルギーをこの「社会を良くする」という課題に注ぎたいという強い信念の下で活動しているのです。

――本日は死刑制度、貧困、パリ郊外の暴動、そして同性愛者の権利について質問させて頂きたいと思います。

D＝ミッテラン　最後の点に関してはお答えするのを控えさせて頂きたいと思います。各々が多様な考えを持っているわけでありまして、それを尊重したいと思います。社会が機能する範囲内でそれは許容されるべきものと考えております。

――初めて死刑制度について考えたのはいつでしょうか？　それはどのような状況下でしたか？

D＝ミッテラン　私はですね、今まで多くの死刑判決を受けた人々を担当し、その非人道的行為を実感した弁護士を数多く見てまいりました。いかなる人間であろうと、特定の人の生と死を決める権利はありません。これは私が生涯を通して貫いてきた信念です。そしてフランソワ（ミッテラン前大統領）が死刑制度廃止に向けて運動を開始した時、むしろ多くのフランス人は死刑制度の維持に賛成でした。そのような人々に対し、フランソワは「死刑制度廃止は私の信念であり、これが実現しない限り、大統領にはならない」と述べたのであります。大統領選挙に向けての活動を援助してきた多くの支援者は、死刑廃止論のような複雑な議論は行わない方が良いと進言したものの、フランソワはそのような進言を退けました。そして「私に投票する人々は、たとえ死刑廃止に賛成でなくとも、私が当選した場合、死刑が廃止されるということを知るべきである」と述べたのです。最初に述べましたように、死刑制度の問題は人道的な観点から見なければならない案件であり、たとえ司法当局であろうとも、人間の生と死を左右できるはずがありません。全ての人間は許される権利を持つべきです。

◆フランスの過半数以上が死刑制度に反対

──不幸にして死刑は日本においては依然として適用されております。政府の調査によれば日本国民の九〇％が死刑制度の存続に賛成です。

D＝ミッテラン 日本国民の意思に対して意見を述べるようなことはしません。ただ、残念な結果であるということを述べておきます。もしかしたら日本は「生」に対して西洋とは異なった見方をする文化を持っていらっしゃるのかもしれません。もちろん命の重要性に関してはどこであろうと一緒でしょうが、日本では生を終わらせる（つまり処刑する）ほどの重要性を持つ他の

ダニエル＝ミッテラン（Danielle Mitterrand）。1924年10月29日生まれ。1944年にフランソワ＝ミッテラン（1981年から95年までフランス大統領）と結婚。1986年に人権NGO「フランス自由協会」(France Libertés Fondation)を結成してから代表をずっと務め活躍している。世界の貧困・水飢饉・人権問題に取り組み、国連などで効果的な活動をする。

何らかの価値があるのかもしれません。それは西洋では受け入れがたいことです。九〇%もの人が賛成であるならば、それを残念に思い、不賛成であり、好ましくないと感じるしかありません。ただ、同時にそれを尊重します。死刑制度を廃止する勇気を持った日本の政治指導者があらわれた時、彼はフランソワの道を歩むでしょう。

——(日本における)調査の結果によれば、死刑制度に賛成の理由は、死刑執行により被害者の精神的苦痛を和らげる効果があるというからです。テレビ、あるいは新聞の中で、被害者の家族はしばしば、犯罪者は「命を以って罪を償うべき」と述べております。この考えはもしかしたら普遍的なもので、例えばアメリカなんかがそうです。フランスが例外なのかもしれません。これについてはどう考えられますか?

D=ミッテラン　全ての人間は生まれながらにして知性、善悪の判断、男性、あるいは女性という性差を与えられております。これは自然がそうしたのであります。人間は理性的な状態にある必要があります。その一方で「目には目を、歯には歯を」という言葉もありますが、西洋文明は進歩し、幸いにして、だいぶ前よりこの考えを超えることができました。東洋文明の日本においては、そうではないのかもしれません。ただ、これは他者への干渉の可能性もあり、私は日本を批判することはできません。これは文明の進歩の度合いの話であり、本源的な状態と言う意味での「暴力」の段階にあり(「暴力」が完全に適当な言葉とはいえないのですが)、良い人間と同様に悪い人間も存在し、他者を尊重すると同様に裁くという段階から徐々に文明は発展していくわけです。とにかく今のところ、西洋と東洋では同じ道を歩んではおりません。ただ、最終的には東洋も西洋と同じ道を歩むことになると思います。

——ある死刑に関する記事を読んだのですが、一九八一年にミッテラン前大統領が死刑制度の廃止を主張した時、フランス人の大多数は死刑の存続を支持していたそうですが。

D＝ミッテラン　冒頭で述べましたように、死刑廃止は彼の信念であったのであり、国民は彼に権力を与えたのです。彼は「政治」よりも自らの哲学に基づく信念を貫いたのです。今日の状況を見た場合、フランス人の大多数は死刑制度に反対であることに留意すべきです。

——二〇〇五年六月に世論調査機関が調査した結果（＊1）によると、ヨーロッパ人の六〇％がどんなケースであろうとも死刑には反対すると答えています。スペインでは八〇％、イタリアでは七二％の人々が死刑に反対しています。一九九八年の調査結果（＊2）によれば、五四％のフランス人が死刑制度に反対し、死刑制度復活賛成は四四％、どちらともいえないが二％でした（二〇〇六年四月にＩＦＯＰがフランス人を対象に行った世論調査では死刑復活に反対する人が六二％、賛成する人が三八％だった。図1）。私にとっては興味深い結果です。

図1　死刑復活について

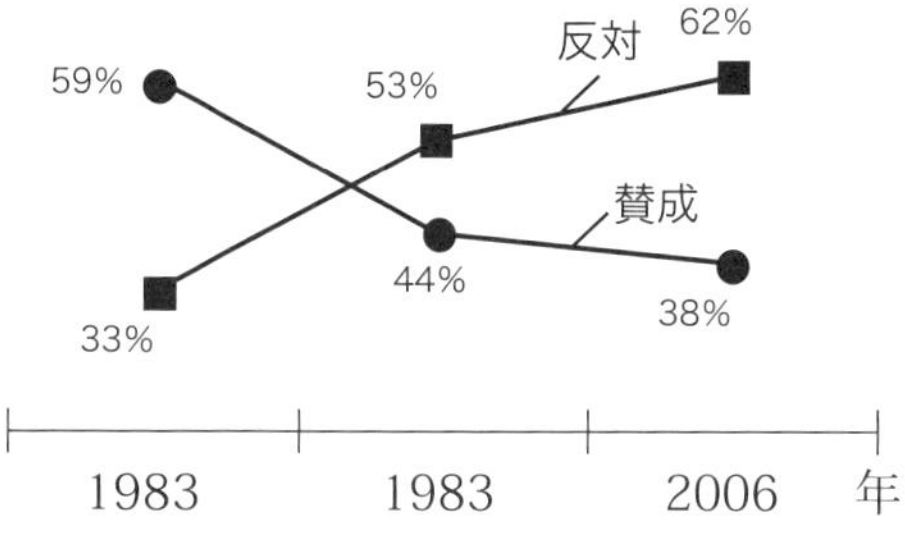

注）IFOPによる世論調査より
出所）http://www.ifop.com/europe/docs/25ansapr%C3%A8sl'abolitiondelapeinedemort.pdf#search=%22Peine%20de%20mort%20ifop%2025%22

＊1 http://www.tns-sofres.com/etudes/pol/030605_valeurs-europe_n.htm
＊2 http://www.ifop.com/europe/sondages/opinionf/peinemor.asp

D＝ミッテラン 死刑制度があろうとなかろうと何も変わらないことに気付くのです。強いて言えば、被害者、あるいは被害者の親の苦痛の緩和をもたらすだけです。ただ、それによって亡くなられた愛する者を取り戻せるのかというと、そうではないのです。それは仮想の満足感であり、現実には何ももたらさいのです。

——死刑制度を廃止する時にミッテラン前大統領は躊躇しましたか？

D＝ミッテラン いいえ、まったく躊躇しておりません。もちろん制度的な枠組みの中で死刑廃止のプロセスは進んだわけであり、議会に法案を提出したのはロベール＝バダンテール司法大臣（当時）(＊3)でした。

＊3 バダンデール(Robert Badinter)——一九二八年三月三〇日、生まれ。法律を専攻する大学教授や、弁護士、エッセイストであり、一九八一年六月二三日に司法大臣に就任、一九八六年二月一八日まで務める。一九八六年から九五年まで法律の違憲性・合法性を判断する憲法評議会（Conseil constitutionnel）の議長を務める。一九九五年から上院議員を務めている。

◆「搾取をやめれば貧困はなくなる」

——次の質問に移りたいと思います。いかにして世界における貧困を減らすことができるでしょうか？

D＝ミッテラン　答えは単純で、搾取しないことです。今日、一方では貧困に苦しんでいる人々がいるのは、他方の人々に搾取されたからであります。さらに言うと、今日、いわゆる発展途上国と呼ばれている国は実際には先進国よりも豊かな場合があるのです。ところが先進国によって搾取され、富を独占されることによって貧困化してしまったのです。また、さらに付け加えれば、現在新しい計算方法により、一つの国家の「実際の富」を算出する統計結果の創出に向けて、特に南米の政府が中心となって取り組んでおります。こうして国内総生産の概念の再考により、もしかしたら現在豊かとされている先進国が実際にはそれほど富んではおらず、逆に一部の発展途上国の方が富んでいるという結果が出るはずです。

――ダニエルさんはいま、水の問題に最も熱心に取り組んでいらっしゃいますね。水と世界の貧困は関わってくるのでしょうか。

D＝ミッテラン　現在、多くの国で水が不足し、国民の多くが水質汚染によって命を落としています。このことから鑑みて、これらの人々がきれいな水にアクセスすることが可能となり、普通の生活を送れるようになることで状況は変わると思います。そもそもその実現に向けての予算計画は既に存在しているのですが、それを実行に移す政治的意思がないのです。ただ、一五年後にはそれが実現可能と信じております。そうしたら、世界の富や貧困問題は今日とは状況が大いに異なっていることでしょう。

しかし、毎日水不足により三万四〇〇〇人が死んでいるという悲劇から鑑みて、私たちの財団「フランス自由協会」は四つの原則を提案します。

・飲用に適した水（以下、飲用水）にアクセスする権利をすべての憲法に明記する（とりわけ欧州憲法）。
・水の供給と援助は各人にとって毎日必要不可欠な公共サービスであらねばならない。これは集団の出資金で財政運営・管理されなければならない。
・世界の軍事予算に一％税を課すことによって（一五年の時限措置）、インフラが未整備な地域で飲用水を供給する政策を財政支援する。
・人間はすべて毎日四〇リットルまで飲用水を無料で自由に使うことができる。

水と生は結びつき、生活に必要不可欠なものであり、人間として相応しい生活が送れるために、水に自由にアクセスでき、自由に供給でき、飲料可能で、無料であるべきなのです。我々は世界の政治指導者に国内憲法、並びに欧州憲法に（成立したら）、「水へのアクセスの権利」は人間の基本的権利の一つであるということを明記させたいと考えております。そして世界中の人々に水が行き渡るようにするには、単純に一五年間、各国の軍事予算の一％を削減すれば足りるということを提言しております。水は（世界）共同体によって（世界）共同体のために使用されなければなりません。水は営利活動の対象ではないし、そうなってはならないのです。そして、豊かな人々にせよ、貧乏な人々にせよ一日四〇リットルの水を受ける権利を与えられるべきです。

◆「一日何十万もの人々が水不足で死ぬ」

――水の問題を扱って、どのくらいになるのでしょうか？

D＝ミッテラン　だいたい一〇年になります。我々の財団には多くの証言が届きます。これらの証言を分析し、財団の政策を組み立てているのです。そして一〇年来、人々の証言から水の問題が第一義的重要性を帯びてきていることが明らかとなっているのです。だからこそ当財団はこれらの人々の希望に沿い、運動を始めたのです。この種の問題を扱う場合には全く進展しない場合もあるのですが、我々の財団は何年もかけて独自の調査を行い、議論を組み立て、ベルギーで働くリガルド＝ペテルラというイタリア人の経済専門家に「水に関するマニフェスト」を作成してもらいました。それを運動の根本理念とし、さらには「水に関する契約」をマリオ＝ソアレス＝ペテルラに起草してもらい、私も調印者の一人になったのです。ここから政治指導者に影響を与えるのみならず、国民自身が政治指導者に対し、水に関する問題に真剣に取り組むよう圧力をかけるための戦略を組み立てたのです。

――水不足に悩む多くの国を訪問されたと思うのですが、最も貧困に悩んでいる国はどこでしたか？

D＝ミッテラン　この問題に関してはご存知のようにヒエラルキーなどはありません。一人でも飲料水へのアクセスのない人がいれば、我々にとって取り組みは一緒なのです。当然のことながらアフリカが最も深刻な地域です。もちろん、水の問題を本格的に扱う前から、飲料水にありつけない人々は助けておりまして、アフリカのマリやその他で井戸を掘削しておりましたし、インドでは二〇年前から取り組んでおります。世界から水がなくなることはありません。なくなったら世界がなくなります。そうなったら火星に行くことになるのでしょうが、もしかしたら水の跡があるかもしれませんが（そうしたら生命が存在しているかもしれません）、これは少々突拍子もない話です。水はなくならなくとも、いざ飲料水に関しては事情が異なります。そうしたら貧困国のみならず、先進国も困ることになるのです。例えば我々フランス人も水不足に悩むことになります。

フランスでは八〇％の河川と、地下水の六〇％は汚染されております。フランスの淡水が一〇〇％汚染されるのに、そう時間はかからないはずです。そういう状況となった場合、当然のことながら浄化された水を購入することのできる人々はいるでしょう。つまり水は豊かな人々のものとなり、貧困者はそれにアクセスできないことになるのです。そうなった場合、一日三万四千人の死者ではなく、一日何十万もの人々が水不足で死ぬこととなるのです。このような事態にならないために、我々は活動しているのです。

◆「水を制御できるものが世界の支配者となる」

D＝ミッテラン　水不足の問題は帝国主義の話にもつながります。水源を支配する者、あるいは障害物（ダム）によって水を制御できるものは国家を支配し、世界の支配者となるでしょう。既にこのような事態は進行しております。例えば、軍事基地が建設されるのは世界でも最も地下水の豊富なところであることに気付くべきでしょう。中東であろうと、南米であろうと、世界中でそうです。中国が何ゆえチベットの資源をチベットの人々に残したくないのか、その理由を理解するのは難しくはありません。中国が極東において最も大きな河川の源を抑えている限り、支配者として君臨できるわけです。どこでもそうです。

例えば、イラク、イラクにアメリカ人が残ろうと必死になっているのは、イラクに資源が豊富にあるからです。イラク、トルコを流れるティグリス・ユーフラテス川は近隣のイラン、あるいはイラクやシリアを肥沃にしているからです。河川を遮断される危険もあるでしょうし、原爆を落とすことができるならば、河川を汚染させることもできるでしょう。河流を全て汚染させることになってしまいますが、そうさせてはいけないのです。

——二〇〇三年に京都で世界水フォーラムがありましたね。しかし、一般的に日本人は水の問題に関心がありません。

D=ミッテラン　しかし、日本人も皆と同じく水不足の問題に関わっているのですわけではあります。京都議定書は九二年のリオ議定書に比べて後退した部分もありました。例えば、リオでは二〇〇〇年には当財団で主張していることが実現すると述べていました。つまり、世界中で水のアクセスが確保できるということです。京都では、もしかしたら二〇一五年には人類の半分は水へのアクセスがあるかもしれないということが論じられたのです。そして、もしかしたら水に関する次のサミットでは、二〇二五年には三分の一の人々は水にアクセスができるかもしれないというでしょう。毎回、少しずつ、「死刑」になる人物を増やしているのです。地球人口一二〇億人までは何とか飲料水を供給することができる状況ですから、何とか今立ち上がらなければなりません。

◆抑圧を加えることによっては平和な社会を形成できない

――次にパリ郊外を中心とした暴動についてお伺いします。ニコラ＝サルコジ内相は力によって事態を収拾しようとしているように思われます。さらにサルコジ内相にとっては警察国家が理想の国家像のように見受けられます。そうではなくて、暴動をなくすためには郊外における問題の根源を改めなければならないと思います。ダニエルさんは一連のサルコジ内相の対処方法に関して、いかなるお考えをお持ちでしょうか？　そして、「問題の根源」は何だとお思いになられますか？

D＝ミッテラン　ここはフランスですので、日本の新聞にフランスの国内問題に関するお話をするつもりはありません。サルコジ内相は彼なりの政策を実行しているわけです。そして、我々はそれを評価しません。ただ、それだけです。我々は政府とは反対の政治勢力の側にいるのです。先ほども述べましたように、嘲弄し、侮辱し、実力を行使し、抑圧を加えることによって、平和な社会を形成できたことは一度もありません。重要なのは信頼関係の回復です。若者を暴動に駆り立て、警察の実力行使を誘発するような事態は避けなければなりません。恐怖によって落ち着きを取り戻した民衆など存在しません。これは私にとって人間関係の基本的理念です。こうお話しするのは簡単なことではあります。

あなた方が挙げられた人々が住んでいる場所（郊外）に私のファン（ファンというと語弊があ

りますが）がいるのです。彼らのところに行けば、「こんにちは、ミッテランさん」といって喜んでくれるのです。非常に深い信頼関係があるので、もちろん、どこにでも扇動する人はいますが、私は警護なしに散歩に行くことができると思いますし、問題なくその地区を通れると思います。これは確かなことだと思います。

私は以前暴動が起きていたレユニオン島(*1)のショドロンという地区に行きました。そこで暴動に加わった人々のなかには全ての政治指導者との面会を断っていた人々がいましたが、偶然、私は財団の支えもあって、そこで住居を建築する計画を立てていたのです。既にそれは暴動の六、八カ月前に動き始めたのですが、私が訪れた時は、まさに状況が最も逼迫していた時期なのです。ですから行くか行かないか迷ったのですが、結局行くことにしたのです。そうしたら、私と現地の人々とは信頼関係を構築することができました。私の帰国後に事態は沈静化しました。彼らは自分たちの考えを述べました。私は自分の考えを述べました。私が何らかの役割を果たしたのか、それとも偶然の産物なのかどうかはわかりません。ただ、問題が生じたところに、一滴の信頼をそこに入れることができ、そしてお互い腹蔵なく話し合うことができれば、実力行使は必要なくなります。

＊1　レユニオン（Réunion）島——マダガスカル島東方のインド洋上に位置するフランスの海外県。一九九一年に暴動が起きた。

——「社会のくず」（racaille）という言葉についてはどうお考えになられますか。

D＝ミッテラン　その議論には加わりませんし、お答えしません。あまりにも不注意な言葉ですし、そういうことを考えている人がいるということだけでも、政府に反対の政治勢力にいて良かったと思います。

——私もそう思います。内相が使うべき言葉ではないと思います。その結果、警察が若者を「社会のくず」として扱うようになってしまったのです。そこには人間に対する尊厳はありません。

D＝ミッテラン　それに考えなければなりません。なぜそれらの人々はそこ（郊外）にいるのでしょうか？　移民する人々は故郷を去るのを喜んでいると思われますか？　喜んで故郷を去る人などいません。彼らがそこにいるのは我々が彼らを故郷に住むことのできないような原因をつくったからです。これは政治の結果です。これは「独裁的経済」と関係があります。我々は金融の独裁による独裁的経済体制の下で生きているのです。そのような独裁的勢力が我々の選んだ代議士に何をするかしないかを指導しているのです。そして今日、その結果が出ているのです、なぜならば、そのような「独裁的経済」は当然のことながら、人間の尊厳を考慮せず、利益の追求に猛進しているからです。そのような利益追求は人間の尊厳を踏みにじってでも追求されるのです。

——私はサルコジを恐れています。以前、極右の人々は国民戦線を支持しておりましたが、これらの支持者がフランス政治の中心に移動したように思います。何故ならばフランス国民の七〇%がサルコジを支持し、国民戦線支持者の九七%がサルコジを支持しているからです。サルコジについてはどう思われますか？

D＝ミッテラン　多くのことを考えておりますが、あなた方にはお話ししません。それはフランス人の言うことではなく、もし反応しなければならないとしたら、投票か、フランスに対する考えを示す場で行います。

（及川健二、月刊『社会民主』二〇〇六年二月号）

第11章　地球規模での「持続可能な発展」を探る
——赤毛のダニー・インタビュー

二〇〇六年三月二三日、聞き手・及川健二

◆パリ五月革命（Mai 1968）

一九六七年三月、移民のスラム街と急ごしらえのセメント団地に挟まれたパリ西部のナンテール大学で、社会学部の学生たちが大学改革案へ反対すると同時に、男子学生の女子寮への入室禁止規則の廃止を要求して女子寮を占拠した。学生たちは「拘束のない生活を」「禁じることを禁じる、自由を侵すことを禁じて初めて自由が始まる」と、落書きした。その中には「赤毛のダニー」という愛称で親しまれたコーンベンディット氏がいた。彼らは「性の自由」（liberté sexuelle）という考えを広めようとした。そして、一九六八年三月二二日、ベトナム戦争に反対するデモで数人の学生が逮捕されたのに抗議して、コーンベンディット氏らは「三月二二日運動」を発足させてナンテール大学の学部を占拠した。学長は占拠者の排除と学部閉鎖という強硬手段をとった。

五月三日、ナンテール学生たちはパリ大学ソルボンヌ校構内に入ったものの官憲に排除され約五〇〇人が逮捕された。その晩から学生街・カルチェラタンにはトロツキスト、アナーキスト、毛沢東派、マルキシストをはじめとする「怒れる」学生たちが結集した。

「逮捕者釈放、官憲撤退、ソルボンヌ解放」

学生たちはこの三項目を掲げてデモを繰り返した。機動隊による弾圧はますます激しくなった。逮捕者は約六〇〇人、負傷者は一〇〇〇人以上に及んだ。

一〇日、学生たちはサン・ミッシェル街にバリケードを築き、カルチェラタンそのものを占拠、戦いに備え舗石をはがし鉄柵を抜き取り並木を倒し、かつての革命を再現していった。

当時首相だったジョージ＝ポンピドゥー（Georges Pompidou）氏は学生たちの要求を呑むか、

ダニエル＝コーンベンディット（Daniel Cohn-Bendit）。欧州議会議員、会派「欧州緑の党」代表。1945 年 4 月 4 日、フランスでドイツ人の家庭に生まれる。1968 年に学生を中心にして起きた蜂起「パリ 5 月革命」では学生運動のスポークスマンとして活躍し、「赤毛のダニー」(Dany le Rouge）という愛称で親しまれる。その後、極左活動家との関係を理由にドイツへと国外追放される。1984 年にドイツ緑の党に入党し、89 年にフランクフルト市の助役に就く。1999 年の欧州議会選挙ではフランスから立候補し、「ダニーの帰還」とフランス・メディアは報じる。2007 年の大統領選挙では、セゴレーヌ＝ロワイヤルを支持すると明言している。

機動隊をつかって強制排除するか決断を迫られた。ポンピドゥー首相が選んだのは機動隊の撤退だった。ソルボンヌは解放されたが、逮捕者は釈放されなかった。

学生たちはソルボンヌを占拠、校内でビラやポスターも印刷し、壁という壁にポスターを貼った。

「学問を忘れよう！夢を見よう！」

「商品を燃やせ！」

「恋すればするほど革命がしたい、革命をすればするほど恋をしたい」

「ポエジーは街に」

「舗石の下は砂浜だ」

「ボクはグルーチョ・マルキシスト」

「怒れ！」

「警棒の雨、育つのは無関心」

「ロボットにもドレイにもなりたくない」

「ボクたちに発言権を！」

「革命、それは内なる鎖を壊すこと」

「保守主義は腐敗と醜悪」

怒れる学生たちは、親の世代が安住する旧体制への反逆を壁に表現していった。

学生の運動に労働者も呼応した。一三日には学生・労働者が当時大統領だったシャルル＝ドゴール氏に反対するデモを行い、パリだけでも八〇万人の人々が参加した。「革命」は国鉄や、エール・フランス、郵便局、ラジオ・テレビ局、ルノー工場、カンヌ映画祭などにも飛び火し、ゼネストに発展した。道路はゴミの山になり、内戦を予想し主婦たちは買いだめに走り回わった。五月二二日には学生の中心的メンバー、コーンベンディット氏が拘束され、ドイツに国外追放となり、一〇年間の入国禁止措置がとられた。

革命的状況はドゴール大統領が国民議会解散（総選挙）を宣言したことで終わった。ストライキは勢いを削がれ、労働者は職場へと復帰していった。学生運動も勢いを失った。六月の総選挙ではドゴール派が圧勝し、過半数を制した。

◆「絶対自由主義が私の信念です」

――一九六八年に「パリ五月革命」が起きたとき、あなたは学生運動の指導的な立場にいました。当時は共産主義が学生運動に影響しましたが、今あなたはヨーロッパで最も影響力のあるエコロジストになりました。なぜ共産主義を捨て、緑の党に入ったのでしょうか。

ダニー　まず誤解を解く必要がありますが、私は革命活動家ではあっても、共産主義活動家だったことはありません。イデオロギーにおいてはあくまで絶対自由主義者（libertaire）[*1]でした。この二つは同じでものではありません。絶対自由主義は常に反共産主義です。

革命という語をなぜ用いるかというと、パリ五月革命は資本主義社会に対して革新的であろうとした反乱だったからです。その後、さまざまな出来事、運動に参加するうち、社会が必要としているのは多かれ少なかれ革新的な改革であるということを次第に悟りました。そして反原発、環境主義といった運動において、その改革のプロセスを実行する可能性を発見し、その後、環境主義政党の運動をするようになりました。その運動の論理によって選挙に出馬し、欧州議会議員に選出されたわけです。

＊1　絶対自由主義——英語ではリバータリアニズム（Libertarianism）。個人の領域（私的空間）に国家が介入することに反対する思想。平等よりも自由を重視し、個人の自己決定を尊重する。

——政治活動を続ける中で、けっして変わらなかった信念は何ですか。

ダニー　いま申し上げた絶対自由主義です。それは個人の自律と自由ということです。つまり、個人がどのように共同で生活を組み立てていくか、個人がどのようにして生活を自律的に管理していくかという思想です。

——共産主義に魅力を感じたことはなかったのですか。

ダニー　まったくありませんね。私は常に共産主義に対して批判的でした。私にとって共産主義は独裁的と定義されるし、その萌芽は理論、すなわちマルクスの思想の中にあります。さらに、革命は科学的に必要であるという主張は全体主義の芽となるものです。もし政治が科学的であったとすれば、発展は必然であるから、民主主義は必要ないということになってしまいます。私は常に、共産主義は全体主義的イデオロギーだと捉えてきました。私が革命的・革新的であり資本主義に対して非常に批判的であったのは、絶対自由主義に依り、労働者の自律的管理という考えを持っていたからです。それが私のイデオロギーで、党が果たす集中的役割という独裁体制とは対立するものでした。

◆「環境主義の本質は『持続可能な発展』にあります」

――緑の党やエコロジーの思想の何が最も魅力的でしたか。

ダニー 環境主義とは本質的に、経済発展、社会発展、そして人間と自然の関係のバランスを考えることを促すということです。つまり、環境主義の政策は「持続可能な発展」という考えを導入し、地球を守るのに必要なバランスを提案する科学です。それが環境主義政策の本質的なところです。

――緑の党と他党と最も異なる点は何でしょう。

ダニー 緑の党には環境と経済のバランスという考えがあり、それは左右を問わず他の政党にはない点だと思います。他党は生産重視主義であり、経済自体が人類幸福のための原動力になると考えています。しかし、実際はそのように機能するものではありません。地球の発展を考慮した上で経済を再考しなくてはなりません。たとえば気候変動の問題などがありますが、今日では、私たちの生活様式が私たちの生活の基盤自体を危機に陥れていれかねないということが顕わになっています。

――フランスのように国民の環境意識が高くない国でも、緑の党は一定の地位を占めていますね。

ダニー 必ずしもフランス人の環境意識が低いわけではありません。フランス人には矛盾があるのです。フランスには自然、田舎に関する伝統、食料、自然食品の伝統がありますから、遺伝子組み替え作物に関しては国民の大多数が拒否しています。フランス人は原発に反対ではありません。他の選択肢がないために問題にすらできないからです。一方で、おっしゃるとおり自動車を乗り回し排気ガスを撒き散らしていますし、ゴミ分別の考えを浸透させることは非常に困難です。ですから私は、フランス人には矛盾があると思うのです。たしかにこれは難しい問題です。

——緑の党は今後の欧州、世界の政治でどのような役割を担っていきますか。

ダニー　たとえば気候変動の問題をみても、地球にとって全世界レベルの戦略が必要なことは明らかだと思います。京都議定書(＊1)はその第一歩になりますが、まだ不十分で、「第二の京都」、「第三の京都」といったさらに進歩した協定が必要です。そこでの緑の党の役割は、ある種の政策について地球規模の考えを推進することです。

たとえば二酸化炭素排出、気候変動に対する闘いがあり、グローバリゼーションの問題があります。緑の党が先頭に立ってどのようにしてグローバリゼーションを制御するかを議論し、産業界のためだけでなく地球規模での「持続可能な発展」にかなう統制されたグローバリゼーションが行われる世界の構成の可能性を探していく必要があります。

＊1　京都議定書——一九九七年に京都市の国立京都国際会館で開かれた地球温暖化防止京都会議で議決された議定書。先進国の温室効果ガス排出量（二酸化炭素、メタン、一酸化二窒素など）について、法的拘束力のある数値目標を各国毎に設定することが決められた。そして、国際的に協調して、目標を達成するための仕組みを導入することになった（排出量取引、クリーン開発メカニズム、共同実施など）。ただし、途上国に対しては、数値目標などの新たな義務は導入しないことになった。

——一国だけでなく全欧州さらには世界の環境主義政党に呼びかけるのですか。

ダニー ええ。緑の党の考え方は、ただ一国の政党でなくヨーロッパの政党であり、地球規模でもまとまりを持とうとするものです。

——日本には、緑の党をつくろうという運動はありますが、いまだ政党はできていません。日本に緑の党ができることを期待しますか。

ダニー かつて成田空港拡張に反対する大きな運動がありましたね。環境主義政党の運動ではないにしても、いわば「持続可能な発展」を擁護する運動が日本においても存在したわけです。日本に環境主義政党ができれば、アジア地域において環境主義の考えを発展させることができるようになるでしょう。日本の政治体制の中で新党を作るのは難しいと思いますが、日本の社会的・政治的現実をみると、政治上で環境主義を考えることは絶対に必要といえます。

——日本に緑の党をつくるためのアドバイスをいただけますか。

ダニー わたしは誰に対しても助言はいたしません。それぞれの国、それぞれの運動がそれぞれの方向性をみつければよいのです。さもなければ、押しつけがましく、権威主義的になってしまいますから。

◆原発と遺伝子組み換え作物に反対する理由

——個別の問題でうかがいますが、緑の党はなぜ、原子力発電に反対するのですか。

ダニー 原子力は統制不可能なエネルギーだと私は思っているからです。科学的にみて統制不可能といえます。廃棄物の扱いが明らかではありませんし、原子力発電所が増えれば増えるほど核廃棄物は増えます。その自然分解には何千年とかかります。危険かつ、統制・統御不可能な上、三〇～四〇年しか使用できない原発は費用が非常に高くつきます。さらにいえば、今となっては過去の技術、一九五〇年代の技術といえます。

風、太陽熱、水素といった再利用可能なエネルギーについて検討すべきです。それこそが次世代の科学、次世代の技術であり、そこにこそ投資しなくてはならないと思います。ドイツでは脱原子力化を行っていますし、デンマークには非常に多くの風力発電所があります。

――遺伝子組み換え作物に反対する理由は何ですか。

ダニー　遺伝子組み替え作物もまた、自然界に独立しては存在しない代物です。まず、人間の体に対してどのような副作用をもたらすかわからないものを作り出しています。そして遺伝子組み替え作物は畑に育ち、風に乗って他の作物を汚染します。遺伝子組み替え作物は汚染によって自然の器官の遺伝構造を変えてしまいます。つまり、遺伝子組み替え作物はいわば「帝国主義者」なのです。

◆ネオ・リベラリズムと絶対自由主義の違い

――あなたが擁護する絶対自由主義は、通常の自由主義（リベラリズム）あるいはネオ・リベラリズム（新自由主義）とどう異なるのですか。

ダニー　絶対自由主義は社会全体の自律的管理をめざします。自由主義は民主主義を機能させる議会政治を基にした政治理論です。ハンナ＝アーレントのような政治思想家が政治・民主主義についてのこの理論を発展させました。これに対して絶対自由主義は、個人が常に自律管理をする意志を持つと信じているというユートピアです。

革命家は、この世には市場経済、計画経済の二つの選択肢しかないとは思いません。今日では市場経済のほうが確かにより多くの自由を可能にしている。このことは否定できません。議論の的はもはや計画経済か市場経済というところにあるのではなく、それを如何に構成・統制するかということにあります。

ネオ・リベラリズム（新自由主義）は、ある種、宗教のようなものです。ネオ・リベラリズムは市場を信奉する宗教で、（国家が宗教を統制する）国家宗教と同じように間違いです。私たちには、国家レベルでも欧州レベルでもなく、グローバリゼーションによる地球規模の政治体制によって統制された市場が必要なのです。それが、これから二〇年の大きな課題になります。

――あなたは自由主義市場を擁護しているのですか。

ダニー　擁護しているという点については、そうともいえますし、そうでないともいえます。現時点では市場経済に変わる選択肢が見あたりません。市場経済があるのみです。

いかに統御するかについていえば、安定性、「持続性のある発展」を可能にする一連の市場統制の法律が必要だといえます。環境主義は、たとえばエネルギー消費といった環境の軸を通した、市場経済の統制方法を通して実現されます。

◆「ブッシュ大統領は共産主義者のようだ」

――お話を聞いていると、あなたは環境より自由を強調しているように思えます。アメリカのブッシュ現大統領も自由を金科玉条のように掲げていますが、ブッシュ流の自由をどう見ているのでしょう。

ダニー　ジョージ＝ブッシュはボルシェヴィキ(＊1)革命家的な考えをもっています。共産主義者のようです。すなわち、ブッシュの考え方もまたイデオロギーで、彼は「世界がどのように構成されるべきか、私たちにはわかっている。それはアメリカ（のシステム）だ。私たちにはそれを押しつける軍事力がある」といっているわけです。ボルシェヴィキ革命家は「権力は銃の向こうにある」といっていましたが、ブッシュも同様のやり方で彼自身の世界に対する考え方を押しつけようとしています。

自由とはそのようなものではありません。私が考える自由とは、貧富の格差をなくしつつ、つまり「南・後進国」とともに発展をめざすこと、同時に「南・後進国」にみられる全体主義と対峙しつつ民主主義を押し進めることです。ただ、民主主義を押し進めることは外来の力によって外からもたらされるものではなく、国内の力によってもたらされるべきだと思います。

軍事力によって自らのモデルを押しつけるというブッシュの考え方は間違っています。彼がもたらした世界の惨状を見れば、それは明らかでしょう。

＊1　ボルシェヴィキ――「多数派」の意味。ロシア革命において、暴力による革命を主張し、徹底した中央集権による組織統制をめざした。

◆「欧州憲法は頓挫しても、欧州はいまも統合をめざしています」

――欧州憲法はフランス国民投票で否決されました。左翼から「リベラル（自由経済主義的）すぎる」と批判された憲法に、あなたは一貫して賛成しました。賛成の理由は何ですか。

ダニー　市場経済の多くの問題はもはや一国のレベルでは解決できないので、欧州統合は大事な第一歩だと思います。欧州憲法は、欧州統一市場を管理する賢明な枠組みです。この憲法がネオ・リベラルであるという指摘に対して、私は常に異議を唱えてきました。そうではなく、欧州市場という考えのバランスを修正するための多くの進歩点がありました。左派が反対したという事実は、フランスの大多数の人、とくに左派の人が政界人を信用していないという事実に関連していて、政界に対する拒否を表明するためにノンをいったといえます。

――欧州憲法は困難に直面していますが、それは欧州政治にどのような影響を与えますか。

ダニー　欧州の政界は少々、立ち往生してしまいました。今は、欧州における多くの案件を見直し、考え直す段階です。ですが、憲法という屋台骨なくして、二五～二七カ国からなる欧州連合はありえないと思いますので、これからは憲法案から出発して何らかのものを練り直すことになります。

――必ずしも同種の憲法案ではなく、ということですか。

ダニー　必ずしも同じ条文でなく、現在の憲法案をたたき台として、フランスであれ、オランダであれ、わかりやすく、受け入れやすくなるようにするのです。

欧州統合は歴史的計画です。欧州共同体（ＥＣ）の基本条約であるローマ条約(＊1)から、来年（二〇〇七年）はちょうど五〇周年になりますが、この五〇年はその前の四〇〇年と比較すると、大きな進歩があったことがおわかりでしょう。ですから、欧州はいまも統一を模索しています。憲法をつくっていく作業には辛抱が必要で、それなりの時間をかけなくてはなりません。

＊１　ローマ条約──欧州経済共同体（the European Economic Community）を創設するための条約で、フランス、西ドイツ、イタリア、ベルギー、オランダ、ルクセンブルグが一九五七年三月二五日に調印した。

◆同性愛者の権利を擁護する

──緑の党の特徴の一つに、同性愛者の権利を熱心に擁護する姿勢があります。なぜ緑の党は熱心に同性愛者の権利擁護に取り組むのですか。

ダニー　政治的環境主義は「自由」という考えでもあります。「自然だけを守れ！」というものではありません。緑の党にとって個人の自由とは、その人の方向性、志向、生き方を選ぶ自由です。わたしたちは自由を強く擁護していますので、少数派が性的指向(＊1)を選ぶ自由も擁護しているのです。ですから、同性愛者が社会から認められ、同性愛者が結婚しようと思えば結婚でき、結婚しないことを選ぼうとすれば結婚しないようになるべきだと考えています。ほかの性的指向よりも価値のある性的指向があるとは思えません。

＊１　性的指向──英語で「sexual orientation」。性欲など性的な意識が向く方向。たとえば、同性のみに性欲が向くならば同性愛者といえ、異性のみに性欲が向くならば異性愛者といえる。

――それは全体主義に対する闘いということにもなるわけですね。

ダニー ええ、全体主義に対する闘いです。キューバであれ、イスラム同化主義であれ、あらゆる全体主義者は同性愛問題に焦点を当てています。ブッシュは自由の擁護を語っていますが、あれが嘘だということは同性愛の問題を見ればよく分かります。彼には一つの世界の見方しかない。彼の世界の見方では、同性愛は罪ということになります。同性愛的指向、衝動があると言い出せずにいるアメリカ人の同化主義者は多くいるでしょうから、アメリカの同性愛を描いた映画『ブロークバック・マウンテン』(*2)のような映画はアメリカ人にとって非常に重要なのです。

＊2『ブロークバック・マウンテン』(Brokeback Mountain)――保守的なアメリカの西部で、二〇年以上にも渡って男同士の愛を貫いたドラマ。二人のカウボーイは美しい山々からなるブロークバック・マウンテンで知り合い、恋に落ち、互いに結婚した後も密会を続ける。

――この映画を見てどのように感じましたか。

ダニー とても美しいですね。非常にいい映画だと思います。というのも、イデオロギーを作り上げることなく、性的指向を公言することとは何かということを二人のカウボーイによって示しているからです。そして、社会の規範から外れた異質である者に対する社会の「暴政」ぶりが何たるものであるかをよく示しています。自然の映像と、二人の男の自然(な特性、性向)という二つのモチーフが、非常によく機能していますね。とても魅力的で印象的でした。

(『論座』二〇〇六年六月号・一部加筆・修正)

第12章 イラクで拉致された女性記者――フローランス＝オブナさん

二〇〇五年一月五日、日刊紙『リベラシオン』(Libération) の女性記者・フローランス＝オブナ (Florence Aubenas) さんがバグダッドでイラク人ガイドのフセイン＝ハヌン氏 (Hussein Hanoun) とともに拉致された。

オブナ記者はそれまでルワンダ、アルジェリア、アフガニスタン、コソボといった戦争・紛争地帯を取材してきたベテランの女性記者で、イラクから定期的に記事を配信していた。

彼女たちが姿を消した一カ月、武装勢力からの音信はなく、武装勢力の要求・目的も分からなかった。その後、イラクの武装勢力は、誘拐したオブナ記者が解放を訴える様子を写したビデオテープをメディアに送りつけた。憔悴しきった彼女は「健康状態も、精神状態も非常に悪い」と心身の不良を訴え、フランス政府に助けを求めた。彼女の顔色は悪くまるで病人のようだった。

フランス人の対応は、イラクで拉致された同朋をバッシングする日本とは、対照的だった。フランス全土でオブナ記者とハヌン通訳を解放させるために集会・行進が次々と催され、各政党の党首クラスが参加した。映画のスクリーンぐらいの大きさの彼女と通訳の写真が駅という駅

地下鉄の各駅に張り出されたオブナ記者救出を訴えるポスター

に貼られた。いくつかの広場にも彼女らの写真が掲げられた。ニュース番組のエンディングでは毎日、「オブナ記者拉致から○日です」とキャスターが伝え、新聞の表紙には拉致からの日数が記載された。映画館では「彼女は私たちのために行った」という広告が上映前に流されることもあった。

けっきょく、オブナ記者は通訳とともにバグダッドで二〇〇五年六月十一日に解放された。シラク大統領は十二日昼前、テレビを通じて声明を発表した。このなかで、二人の解放に「全フランスの喜び」を表明、この間、解放を求め行われたコンサートやデモに対し「すばらしい連帯と希望の証しであった」と敬意を払い、「一五七日にわたる長く苦しい捕虜生活だったが、フランス人すべてに支えられ、彼らはついに家族、近親者に会える。私たちの喜び、フランス国家をあげての喜びを彼らに伝えたい」と解放を祝福した。十二日夕、フランス空軍の特別機でパリ近郊の基地に着き、満面の笑みでタラップを降りてきたオブナ記者は、出迎えに来たシラク大統領や家族の頬にキス（bisou）を交わし、抱き合った。シラク大統領は彼女の肩に手をかけ、解放を祝福した。

オブナ記者は、少しやつれていたとはいえ解放の喜びからか笑みを絶やさず、基地内で「フランスに帰らせてくれたすべての人に感謝する」と記者団を前に述べた。「私はフセイン（イラク人通訳）とともに地下室に入れられた。ひどい状況でした」と捕虜生活のひどさについて少し語った。

私もその模様をテレビで見ていたのだが、微笑みを絶やさない彼女にほっとした。

◆拉致された後、地下室に閉じこめられ動く自由すらなかった

翌日の新聞を読むと、六月一四日、パリ市内でオブナ記者が会見を開くという。

わたしは共和国広場から歩いて数分の『リベラシオン』本社に赴いて、受付で会見の場所と時間を聞いた。シャンゼリーゼ通りの近くにある「フランス・プレス・クラブ」(press club de France）の建物内で行われるという。

同じジャーナリストとして、彼女の解放を心から喜びたかった。

いったいどうすればいいだろうか。そうだ、フランスでは男性が女性にお祝いとして花束を渡す習慣が根付いている。たとえば、バレンタインデーでは男性が女性に花束を渡す。バレンタインデーで花束を買ったパリ市内の花屋に行った。半年にも渡り、辛酸を舐めたのだからあまり派手な花束だと配慮がないだろう。地味だけれどしかしみすぼらしくない慎ましい花束を一五ユーロで買った。

会見が時間通りに行われることなどフランスでは滅多にないから、私は一五分前に会場についた。受付をすませ、階段を下りて会見場に行くと三〇〇人以上の人がすでに陣取り、椅子の間の床にも人々は座り、とてもでないが座る場所などない。椅子の後ろも立つ人々でいっぱいで満員

電車状態だ。

花束を持ってきたのが私ひとりだったためだから、人目をひいた。

「いいアイディアね。でも来るのが遅すぎたわよ」

ある記者からそう云われた。顰蹙《ひんしゅく》を買いながらも、わたしは何とか人を分けて、最善列から一〇メートルほど離れたところに少しのスペースを見つけ、床に座った。

「ここは俺たちがとっているところだ」と男性カメラマンが文句をいう。

「すみません」と平謝りしながら少し後ずさり、そのまま居座った。

すでにフローランス記者とリベラシオン紙の編集長が前の席についており、テレビのカメラマンがカメラをまわしている。

定刻通りに記者会見が始まった。編集長が挨拶をし、フローランス記者が話し始めた。彼女は時折、ジョークをいい、ずっと笑顔だった。過酷な監禁生活なのに、笑みを絶やさず語り続ける。後日の話だが、ジャンマリー＝ルペン国民戦線・党首が「あんなに笑顔をうかべるなんて不自然だ」と述べ、同党が出版する週刊誌『週刊国民』(National hebdo) の風刺漫画でへらへら笑うオブナ記者が描かれた。

オブナ記者はファルージャ付近のイラク人キャンプを取材していた帰り、武装した男性四人に拘束されたことを会見で明らかにした。

男は拳銃をこめかみにつけ、「金を盗んだろう」「調べ次第、解放してやる」といい、二人をバクダッドの家に連行した。「お前らは(じつは)拉致されたんだ」といわれ、オブナさんは縦四メートル、横二メートル、高さ一・五メートルの地下室に一人、閉じこめられた。光も換気もない部屋で、手足を縛られ目隠しされた。一日に二回トレイに、月に一回、シャワーに行くことが許され、その状態が解放の日までずっと続いた。

「食べる、寝る、待つ……の繰り返しでした。調子が悪くないときは、お腹が空いていました。動きすぎたり、話したりすると罰を受けました」とオブナさんは過酷な監禁生活を振り返った。拘束されてから何日か後、別の人が同室に入れられた。会話が禁じられていたため、解放される一〇日前になって、それが通訳のハヌンさんだったことを知る。

◆フローランス記者へ花束を渡した

会見場には世界中の記者や市民運動家がかけつけ、色々な国籍の記者が質問をした。部屋は人の体温で蒸し暑く、ファインダーに目をあて写真をとる私の額には汗が浮かび何度も床にこぼれた。

記者からの質問はたえないため、あと一つでうち切ると編集長が宣言をした。

わたしは写真をとるのをやめ、花束をどうやって渡そうか、そればかり考えた。よし、会見が終わり次第、フローランスさんのところまで突撃し、手渡ししよう。もっとも簡単な方法を選ぶことにした。

フローランスさんと編集長が礼をいい、会見は終わった。

テレビのカメラマン、写真家が前にわっと大挙する。私もそれにまじった。

「フローランスさん」と呼びかけてもテレビカメラに囲まれた彼女は気がつかない。私の目の前に編集長がいた。彼の周りには誰も寄っていないから、彼に花束を渡した。

そうしたら幸いなことにその場で編集長は、フローランスさんに花束をまわしてくれた。

彼女がこちらを向き、「ありがとう」と微笑んだ。

フランスのラジオ局の女性記者が私にインタビューした。なぜ、花束を渡したのか、どこの国の記者か、どこで買ったのかなど二、三の質問を受け、インタビューは終わった。

会見後、別室でシャンパンや軽食が出され、カクテル・パーティー（cocktail）となった。私は水をもらい飲み干した。フローランスさんを相変わらずテレビカメラが囲み、ずっとインタビューしている。フローランスさんに尋ねたいことがたくさんあったが、とても彼女と話す機会はないだろうと思い、私はその場を離れた。

日本とフランスでは国民がイラクで拉致されたときの対応があまりにも違った。彼女に日本のことをどう思うか、あるいはこれまで紛争地帯を歩いてきた経験を聞きたかった。

しかし、解放された直後は忙しいだろうし、しばらくゆっくり自由の生活を味わっていたいだろうと思い、依頼の手紙を書く

フローランス＝オブナ（Florence Aubenas）記者。左派系硬派日刊紙『リベラシオン』の女性記者で、コソボ、ルワンダ、アフガニスタンなどおもに紛争地域を取材してきた。

ことはしなかった。解放から半年たった一二月になって私は彼女に取材依頼文を書いた。半年経って精神的にも時間的にも余裕ができているだろうと思ったからだ。

一月になって彼女の手書きの返信が届いた。そこには花束を贈ったことにたいする感謝と、そのあと花瓶に入れて飾ったことが書かれてあった。そして、自分は取材対象者でなく、ジャーナリストとしてこれからも活動していきたいと思っている。だから、「残念ですけれど取材には応じられません」と丁重に断りの言葉が書かれてあった。

フローランスさんは、彼女が体験した監禁生活を本にするだろうと思われていた。しかし、彼女が二〇〇五年一〇月一四日に出版したのは二五二頁のノンフィクション作品『取り違え――ウトロー事件』(La Méprise : L'Affaire d'Outreau, Seuil) だった。ウトロー事件はフランス史上最大ともいわれる冤罪事件だ。二〇〇一年、ウトロー市で大人が組織的に子ども達を性的に弄んでいると告発され一七人が逮捕・告発された。メディアはおぞましい集団児童レイプとして事件に飛びつき、被疑者たちを「現代のモンスター」と報じた。しかし、司法のプロセスで事件は冤罪であることが明らかになり、一四人が無罪だと裁判所は認定した。不幸なことに一人は無実を訴えて獄内で自殺した。フローランスさんはこの忌まわしい事件を本にした。解放からわずか四カ月で重いテーマの本を一冊書き上げるその精力的な活動には脱帽する。

フローランスさんはこれからも素晴らしいルポルタージュを発表するジャーナリストであり続けるのだろう。

補章　フランス流多様性の衝撃――宮台・及川対談

二〇〇六年四月下旬

宮台真司――一九五九年生まれ。首都大学東京準教授。著書に『終わりなき日常を生きる』他

◆CPE法案と学生による反対運動

宮台真司　日本で最近報じられたフランスの大きなニュースといえば、昨年（二〇〇五年）末の移民二世・三世の暴動と、CPE（初期雇用契約）反対の学生デモ&労働者ゼネスト。この二つについて二年前に渡仏して帰国した及川君に訊きたい。帰って何カ月？

及川健二　一カ月です。

宮台　日本の報道や論評を目にしたと思うけど、現地で得た感触と比べて違和感は？

及川　ありますね。日本では暴動とデモンストレーションの区別が付いていなくて、政府に対する反発というのは「暴動」と一括りになっている。TBSの「みのもんたの朝ズバッ！」をたまたま見ていたら、CPEについて報道していたんですね。そのときデモとは関係のない、暴動で車に火が放たれ燃やされる映像が使われました。CPEに反対するゼネストやデモの受けとり方は、日本人とフランス人では全く違います。インターネット上でフランス在住の日本人が書い

ている掲示板を見たのですが、だいたい八対二、あるいは九対一で、圧倒的にデモ・ストライキ反対。「フランス人は権利を主張しすぎる」と。フランスでは、どこの世論調査をとっても、今回のデモやストライキへの賛成がだいたい六割。ドヴィルパン内閣の支持率も五〇～六〇％あったのが二〇％台まで落ちている。一番の違和感は、やはり政府のやることに対する反対の動きへの温度差です。フランスは「時の権力は暴走するもので、それを補うのが民主主義の力だ」っていう典型的なヨーロッパ型の考え方。対して日本の場合は「とにかく上で決まったことは、それに従うべし」。たとえば、CPEも立法府が認め、大統領が署名したわけですから、立法・行政の点では決着がついているわけです。

宮台　手続き的にはね。

及川　ところがフランスでは、立法・行政府での決着後、デモはさらに盛り上がった。日本だったら法案が通ってしまえばそれで終わり。市民運動も「そういうわけで残念でした」となっちゃう。

宮台　CPEのデモ＆ストに反対する四割はどんな層？

及川　「持てる者」、いわゆるアメリカ流のやり方に賛成する人たちも徐々に増えていて、そういう人たちはグローバリゼーションを受け入れ、労働市場も流動化すべきと考えているようです。

宮台　経済界を中心とする富裕層？

及川　そうですね。それだけではないですけど、それが中心です。今回のCPEも、元々は日本の経団連にあたる「MEDEF（フランス経団連）」という組織が言い出したことですから。

◆フランス人の平均労働時間は週三五時間

宮台　ベルギーやドイツなど周辺国にはCPEに相当する制度があるよね。労働市場の限られたパイを皆で分け合うワーク・シェアリングだとも言える。周辺国やアメリカの論調を見ても、フランスの経済的ポジションを上げるにはCPEが不可欠との意見が主流です。それを承知で今回フランスはCPEを否定する国民的合意を形成した。NHKの「クローズアップ現代」でも、フランスの国民的合意のバックボーンについて特集していました。番組に、学生デモ執行部の女子学生の一家が出てくるんです。郊外に家を構え、彼女を含めて成人した子どもを二人抱える公務員の父親は、二年間の病休にもかかわらず正規給与の八割を受け取り続ける。社会保障の充実が平安な生活を支えている。当事者がインタビューで「こうした家族の平安を乱す政策を許さないのがフランスの美徳」と答えている。面白い。「金儲けをめざして右往左往するより、安らぎのある生活の方がいい」というのがコモンセンスだと。

及川　九二年の週平均労働時間が三九時間だったのが、〇四年には三五時間になっています。

宮台　すごいね。週三五時間。八×四＝三二だから四日の八時間労働と三時間だけ（笑）。

及川　世論調査したら、国民の七〇％以上が「現状より多くの時間働いてより多くの給料をえるよりも、現状維持のほうがいい」と言っています。つまり、フランスはモア・アンド・モアじゃなくて、現状維持もしくは経済成長が下がってもいい、その中でスローライフ的な生き方をする、という方向に舵を切っているわけです。今回、なぜあれほど世論の反対が盛り上がったかというと、法律そのものの善し悪し以前に、手続きが問題にされた点が大きい。一月下旬にこの法案が発表されたのですが、それをつくった官僚はたった一人。さらに彼は労働法の専門家ではなく、経済政策の専門家だったんです。フランスでは、労働系の法律を作る時は必ず労働法の専門家の意見を聞く、労働・雇用に関する政策を実施する場合は労働組合と相談する、という伝統があるため、このことは非常に問題視されました。労働組合は、第二次世界大戦中のレジスタンスの時に大変抵抗したってことで、フランスにおいては地位が高いんです。

宮台　フランス流コーポラティズム＝労使協調路線の伝統だ。コーポラティズム的な手順を踏むと、時間がかかるだけでなく、中身が骨抜きになる可能性がある。それを経済界など法案推進勢力が危惧した。

◆欧州型社会派の典型的イメージはオペラ座

及川　なぜ合意形成をしっかりやるかというと、「沈む時はみんな一緒だ」っていう意識が共有されているからです。三五時間労働制にしてもそうですけど、「それで経済成長や国際競争力が下がってもＯＫ」という合意形成がある。

宮台　今回は支配層や富裕層がそうした合意に対抗した。今まで「沈む時はみんな一緒だ」で回ってきたのに、回らなくなり始めている。欧州型社会は典型的イメージで言うとオペラ座。二階三階席は貴族の社交場だが、アリーナと天井桟敷には庶民がタダ同然で入れる。富裕層の恵まれた連中が太っ腹なところを見せて民衆の反発を抑え、船全体が沈まないようにする。それがパトリオットで、パトリオットたることが田吾作ではなくエリートに求められるのが欧州流。だからシチリアのマフィアもパトリオット。CPE騒動での財界&政界エリートの行動も、単なる階級的権益の維持というより、フランスという船全体のための政策だとは言えないのかな。時間をかけさえすれば、CPEはエリートのためのものじゃなく皆のためのものだと説得できたのでは?

及川 説得できた可能性はありますね。反対運動を見ていても、法案自体の問題もあったんですけど、やり方に対する反発のほうが強かったですからね。

宮台 フランスの国民は、「沈むならみんな一緒」というけど、元々そういう風に考える国なのかな。最近になって、そうした合意形成のプロセスが誕生したのかな?

及川 今回のCPEの問題を見る限りでは、そういった合意形成は確かにあります。過去においても、レジスタンス以降はシャルル=ドゴールが大統領になり、労使あるいは新団体が一緒になって労働者の権利を主張し続けてきたので、「一緒に沈む」と考える伝統はあると思いますね。

宮台 グローバル化を背景に、エリート層がこの伝統に反発したのかな?

及川 MEDEFの動きは、まさにそれに対する反発です。MEDEFは、フランス国民を説得することはすでにあきらめている。その代わり、フランスの為政者やEU官僚をつかって構造改革を進めようとしているんです。昨年、国民投票によって否決された欧州憲法にも、新自由主義的な欧州の経済をつくろうというMEDEFの主張が盛り込まれています。

◆大学の六割がロックアウト

宮台 「クローズアップ現代」で印象深かったのが、CPE反対の理由について、先の女子学生が滔々《とうとう》と、しかし静かに喋っていたこと。日本の活動家イメージとまるで違い、学者のような語り口。及川君が先に触れたCPE法案を作った経済学者も番組で喋っていたけど、女子学生の方が説得的だった。はるかに全体を見渡しているという印象を与えていたの。こうした学生の側から、国民に対する合意形成に向けた説得的なアピールが、今回あったの？

及川 そうですね。学生側の発表では大学の約六割がロックアウトされたといいます。大学の閉鎖は学生総会を開いて過半数の支持を得たら実行されます。議決の前には必ず複数の学生が熱い議論を交わします。大学に呼応するかたちで高校の多くも閉鎖されました。その模様がニュースでも放映されています。

宮台 「クローズアップ現代」では、試験期間で、「就職を控えてどうしても試験を受けなければ」とスト破りを試みる連中を、先の女子学生が説得する場面も流れていた。「試験を受けて就職したい気持ちはわかるが、これはあなたを含めた全体の問題で、全体が崩れればあなたも困るはず。あなた個人にとってさえ、就職できるか否かよりも重大な問題のはずだ」と。安保闘争時代を舞台にした柴田翔[*1]の小説「されど　われらが日々――」みたいだが（笑）。

＊1　柴田翔――一九三五年一月一九日生まれ。作家、ドイツ文学者。一九六四年に小説『されど　われらが日々――』で芥川賞を受賞する。小説作品に『贈る言葉』、『鳥の影』、『立ち盡す明日』、『われら戦友たち』、『ノンちゃんの冒険』、『中国人の恋人』、『突然にシーリアス』などがある。

及川 でも、それが一般的な考え方ですね。ただ、小規模ながら「学ぶ権利もあるんだ」っていうデモもありました。

◆日本のフリーター・ニート問題

宮台 日本では「フリーター」や「ニート」の名の下、「自分で非正規雇用を選んだ」とか「好き好んで働いていない」というイメージがマスコミで喧伝された。そのせいで「非正規雇用者の待遇が悪い」という議論がパブリックな場でできなくなっています。馬鹿オヤジの間で、「給料が悪い非正規雇用を選んだのはお前の自己決定」という話になってるから。こうした図式をフランスの若者や労働者に話したら、どんな反応になる?

及川 まず、労働環境の悪さに唖然としますね。フランス人は、年間五~八週間もバカンスが取れて、労働時間も短い。なんのために働くかとたずねれば、「バカンスのため」という答えが返ってくるのが一般的で、会社の利益と個人の尊厳を一緒にしない。ヨーロッパ型とは全く違って、日本の労働環境は本当に酷い。

宮台 フランスの国民合意は「若者の非正規雇用」というカテゴリー自体を拒否したんだから天地の差。学生デモを爺さん連中までゼネスト(*1)で支援するのも日本とエライ違い。背景にあるのは「社会的に連帯して抗議しないと労働条件は必ず酷くなる、若者の後は自分らの番」というコモンセンスだ。今回は年長者が若者に連帯したが、将来若者が年長者に連帯する可能性への布石になっている。

＊1　ゼネスト（general strike）――一国の全産業が統一指令の下に行う大規模なストライキ。

及川　フランスに、まさに今使われた「連帯」という言葉が生きていると思うのは、今回のデモに老若男女が参加していることです。二六歳未満が対象の法案で、上の世代には全く無関係なのに、ゼネストまでやる。そういう社会的な連帯意識が、今も強いですね。

宮台　経済学に「コモンズ＝共有地」の概念がある。「ゲームをしているだけでは調達できない、ゲームに必要なリソース」、つまりゲーム盤だ。「ゲームに必要な、ゲーム自体によって調達できないプラットフォーム」とは何かという感覚が、国ごとに違う。フランスでは「連帯」という社会形式自体がコモンズだと考えられてきた。だから「家族の平安が必要だ」に留まらず、「家族の平安を保つにも社会的プラットフォームの護持が必要だ」という洗練された感覚になる。日本人にその感覚は皆無。家族の問題は家族の問題に過ぎない。「家族を支える社会的プラットフォーム」などという発想はない。プラットフォームを支えるのに必要なコモンズを護持しよう、例えば「連帯」を保とうという意識もない。

及川　もう一つ言うと、フランスは二大政党制が機能しているんですね。今回のＣＰＥもなぜ撤回されたかと言えば、そのままゴリ押ししたら来年の大統領選挙・総選挙で社会党政権になってしまう、と。そういう意味での緊張っていうのがあるわけですよね。

◆日本では企業に入ると私的な時間がなくなる

宮台　さて、フランスは「非正規雇用」でなく「労働時間短縮」でワーク・シェアを実現することにした訳だけど、「金儲けをしたい人」にとって不都合だけど合意したんだね？

及川　世論として七割が合意していますから。

宮台　社会学からすると内政の半分は再配分。どの程度再配分するか、どんな形式で再配分するかが議論になる。再配分を分厚くする立場を「左」と呼べば、フランスは左的な政治文化。コモンズは、ゲームに関わる万人に恩恵を与えるという意味で再配分機能を持つ。だからコモンズが壊れるとゲーム参加者が少なくなって再配分機能が失われる。コモンズ自体が政府の代わりに再配分機能を果たす――フランスにはそういう発想がある。僕は日本の大学で若い学生たちが就職で逡巡する姿を見てきた。逡巡する最大理由は、企業に入ると「企業人」になって、自分が今まで立ってきたプラットフォームが消える――従来のゲームができなくなる――から。及川君の話で思うのは、オフタイムが増えて労働ゲームと別の私的ゲームを楽しめるようにならないと、コモンズや社会資本という発想は出てこないってこと。でも日本の『正論』(＊1)的馬鹿オヤジは労働ゲームとは別の私的ゲームを楽しむというだけで、「国力が、云々」とホザく。

＊1『正論』――産経新聞が発行する保守系月刊誌。一部で「オヤジ雑誌」といわれている。

及川　フランスの人と話していて面白いのは、「会社の同僚と毎日のように飲みに行く」ことや「結婚式に会社の人間（とりわけ上司）を呼ぶ」ことが信じられない、といいます。「なぜプライベートな時間を会社の人間と過ごすんだ」と。まったく意識が違いますよね。

宮台　馬鹿オヤジには「会社の人」以外の友達がいない（笑）。だから定年退職すると、妻にはりつく濡れ落ち葉になり、離婚されて路頭に迷う。

及川　わたしは徹底的な時間短縮とワーク・シェアリングが政策として進められるべきだと思いますね。

宮台　賛成。でも日本はそうした方向に舵がきれる臨界点を既に超えた。フランスから見たら不思議だろうが、日本じゃ馬鹿オヤジの若年者バッシングだらけ。むろん昔から「最近の若者は……」はクリシェ（決まり文句）だが、過去一〇年を見ると「最近の若者は……」が非共感を超えて敵視になっている。こうなると「若者を含む自分の家族を守るにはコモンズ護持が必要」という発想が無理になる。若者敵視が「この家族を守るには」「この地域を守るには」という発想を妨害するから。だから親しくしている菅直人氏には「団塊党」の目的が馬鹿オヤジ的な若者敵視でなく、若者を含むコミュナリティ護持にあることを明示しようと申し上げてきた。ことほどさようにワーク・シェアリングの目的は単なる雇用増加でなく、コモンズや社会資本への感受性が高まる方向に想像力の働きを変える点にある。むろん想像力を改造するべきは若者ではなく『正論』的馬鹿オヤジです。民主党政権に期待しよう（笑）。

及川　「今の企業人」が定年退職した後に帰る場所があるのか。ないでしょう。そうなると益々若年層に対する憎しみが強くなるんじゃないですかね。「俺たちは働いてここまで来て何もないのに、なぜ若い連中は楽しめるんだ」っていうようなことになりかねない。

◆フランス人の性意識

宮台　そこが問題なの。日本はジェンダーフリー・バッシングの嵐。漫画を含めた表現規制に見るように性的アレルギーも昂進中。要は「弱者による多様性フォビア」だらけ。「多様性は、恵まれた連中にしか恩恵を与えず、恵まれない自分らは置いていかれるだけ」と。フランスはどう？

及川　アメリカの悪影響で、「先進国で裸のポスターを貼っているとセクハラと批判される」と日本では考えられていますが、それは全く嘘で、ヨーロッパはポルノが氾濫しまくり（笑）。私はデンマーク、オランダ、イギリス、ベルギー、ギリシアを旅し、各首都のポルノ事情を調査しました。どの都市でも東京駅みたいな大きな駅のキヨスクへ行くとエロ雑誌が堂々と売られている（笑）。ゲイ向けのハードポルノまで置かれています。フランスでも街頭に裸体のポスターが普通に貼ってあるし、エロビデオはキヨスクで買えるし、女性誌の表紙に女性のヌードが載る。エイズ教育でもセックスを前面に出して、男性器の載ったポスターが教材に使われることもあります。

宮台　アメリカは神経症なの。ヨーロッパはどこもVチップ(*1)どころか単なる時間規制でＯＫ。フランスは二一時以降でドイツは二四時以降。厳密なゾーニングにヨーロッパはむしろ反対している。

＊1　Vチップ――テレビ番組をその内容に応じていくつかに格付けし、子どもの視聴に不適と格付けされたテレビ番組をテレビ受像器に内蔵されたVチップでカットするというもの。年齢で格付けがされる。

及川　高校ではコンドームが売られていて、事後避妊ピルも無料で配布される。今度、社会党の大統領候補になるといわれているセゴレーヌ＝ロワイヤルという人は、教育担当大臣の時に、高校での事後避妊ピル配布を解禁にした政治家です。

宮台　日本なら馬鹿オヤジと馬鹿オバハンが大パニックだぜ。フランス映画を観るとジャン＝マルク＝バール監督（＊2）の『SEX:EL』をはじめ、アメリカの性的神経症を嘲笑する作品が目立つ。フランソワ＝オゾン（＊3）もそうだし（笑）。

＊2　マルク＝バール（Jean=Marc Barr）――一九六〇年九月二七日ドイツ生まれ。俳優、映画監督。『ヨーロッパ』、『奇跡の海』、『ダンサー・イン・ザ・ダーク』、『ドッグヴィル』に俳優として出演している。

＊3　オゾン（François Ozon）――一九六七年一一月一五日フランス・パリ生まれ。一九八九年にパリ第一大学映画コースで修士号を取得。二二歳で国立の映画学校フェミスの監督コースに入学、四本の短編を撮った。一九九三年に卒業後、次々に短編を発表。一九九六年に「サマードレス」でロカルノ映画祭短編セクション・グランプリを受賞し、「短編王」と呼ばれるようになる。長編では代表作に『ふたりの五つの別れ路』『スイミング・プール』、『八人の女たち』、『まぼろし』、『焼け石に水』、『クリミナル・ラヴァーズ』、『ホームドラマ』、『海をみる』がある。

及川　フランスなんかはアメリカの性過剰規制というのを「あれはピューリタニズム（Puritanism）（＊4）だ」とバカにしています。米国のビル＝クリントン（Bill Clionton）前大統領がモニカ＝ルインスキー（Monica Lewinsky）さんとのスキャンダル（＊5）で吊し上げられたときなんて、せせら笑っていましたからね。新聞各紙はアメリカの過剰なまでの反応を「性のマッカーシズム」と批判しました。シラク大統領が誕生して一年後に実施された興味深い世論調査があります。「シラク大統領とその夫人のどちらかに愛人がいたらショックか」っていう質問があったのですが、約九割の国民が「ショックじゃない」と答えた。どうだっていいだろうというわけです。

＊4　ピューリタニズム——カルバン主義の流れをくみ、聖書の示す神との契約に基づく新たな社会の実現をめざす思想。また、その生活態度。清教徒主義。

＊5　モニカ・スキャンダル——クリントン大統領（当時）がホワイトハウスの実習生だったモニカさんと性的関係を持ち、それが公になってアメリカ中を騒がせたスキャンダル。

◆フランスでは出生率に占める婚外子の割合が四八％

宮台　最近のデータで婚外パートナーがいる割合ってわかる？

及川　それはわからないですけど、出生率に占める婚外子の割合は二〇〇四年で約四七％、二〇〇五年で四八・三％、あと何年かで五〇％になるといわれています。結婚制度が相対化されつつある。同性カップルの権利をも保障する「パクス（連帯市民協約）」（ＰＡＣＳ）という制度があります。これはおおざっぱに言えば事実婚カップルの地位を保障する制度です。結婚と違い貞操義務はなく、財政的に相互を援助する義務がある。また、どちらか一方が解消したいといえば、パクスを取りやめられるという。かなりゆるい結婚制度と考えても良いですね。

宮台　そうしたフランス情報を日本で広げるとどうなるか。馬鹿オヤジが「家族制度の崩壊だ！」と噴き上がるぜ（笑）。西ヨーロッパは八〇年代以降『典型家族』が衰退するなら『変形家族』で補おう」という再帰性に合意した。「家族がダメなら家族のようなものでいいじゃん」と。それでこそ保守。日本では、タカが世代的な思い出に過ぎぬ「典型家族」にエゴイスティックに執る『正論』的馬鹿オヤジこそが、社会を崩壊させてきた。

及川　面白いのが、パクスができてからフランスで結婚の数が増えたことです。結婚をするかしないか、ということに対して、オプションが広がったがゆえにより制度に自覚的になったようです。日本では婚外子は約一％ですよね？

宮台　最も婚外子が少ないイタリアも、七〇年代には日本同様一％未満だったが、今じゃ二〇％を越えて少子化を脱した。日本だけが一％未満で変わらず、少子化に苦しんでいる。「婚外子を許さない！」と「少子化対策を！」を同時に主張する連中に、脳はあるのか。「多様性を認めると秩序が崩壊する」という馬鹿オヤジの論調は、フランス的にはどう？

及川　ヨーロッパにおいて、市民化は脱宗教化のことを指します。脱宗教化とはカトリック的な価値観から、互いに迷惑をかけない限り自由を享受できる市民社会の論理に移ることを指す。社会が成熟すれば多様性が生じるのは当たり前ですよ。

宮台　重要だね。宗教は画一的で世俗は多様。法律は画一的で個人は多様。多様性を支えるものが秩序だとするのが欧州だ。日本で同じ感受性を広げるにはどんなボタンを押せばいいか。ヒントは昔話。日本も昔はそうだったの。「皆が知る建前」（法律）とは別に、村ごとに「皆が知る本音」があった。浮気があろうが乱交があろうが「皆が知る本音」の枠内にある限り騒ぎにならない。でも共同体の空洞化で「皆が知る本音」が「人知れぬ本音」になり、疑心暗鬼と、抜け駆けへの嫉妬が蔓延した。要は、日本的寛容さには共同体的プラットフォームが必要だったの。日本的寛容さを呼び戻すには、共同体的プラットフォームを再帰的に——「典型」でなく「変形」

として――呼び戻す必要がある。リベラリストがコミュニタリアンたらざるを得ない所以だよ。

及川　日本で「欧米流」って言われる時はほとんど「米流」なんで、ヨーロッパ文化をドンドン紹介していって相対化するのもひとつの方法ですよね。今はセクハラ問題にしても、全部米国流です。アメリカこそ特殊なんだから、ヨーロッパ文化を紹介することで、アメリカ的言説を相対化しなければいけない。

宮台　それが、まさに及川君の役割だな。

（月刊『サイゾー』二〇〇六年六月号）

参考文献

日刊紙『ユマニテ』(L'Humanité)
日刊紙『フィガロ』(Le Figaro)
日刊紙『ルモンド』(Le Monde)
日刊紙『パリジアン』(Le Parisien)
日刊紙『20 minutes』
日刊紙『メトロ』(Le Métro)
週刊誌『ナショナル』(National Hebdo)
週刊誌『ＶＳＤ』
週刊誌『パリマッチ』(Paris Match)
週刊誌『ギャラ』(Gala)
『ＦＨＭ』(http://www.fhm.fr)

『日刊ベリタ』(http://www.nikkanberita.com/)
新聞『オブニー』(http://www.ilyfunet.com)

及川健二『ゲイ@パリ』長崎出版社、二〇〇六年

渡邊啓貴『フランス現代史――英雄の時代から保革共存へ』中公新書、一九九八年
渡邊啓貴『ポスト帝国――二つの普遍主義の衝突』駿河台出版社、二〇〇六年
畑山敏夫『フランス極右の新展開――ナショナル・ポピュリズムと新右翼』国際書院、一九九七年
軍司泰史『シラクのフランス』岩波新書、二〇〇三年
安達功『知っていそうで知らないフランス――愛すべきトンデモ民主主義国』平凡社新書、二〇〇一年
竹下節子『アメリカに「NO」と言える国』文春新書、二〇〇六年
磯村尚徳『しなやかなフランス人』毎日新聞社、一九九九年
山口昌子『大国フランスの不思議』角川書店、二〇〇一年
ミュリエル＝ジョリヴェ『移民と現代フランス――フランスは「住めば都」か』、鳥取絹子訳、集英社新書、二〇〇三年
ミュリエル＝ジョリヴェ『フランス 新・男と女――幸福探し、これからのかたち』、鳥取絹子訳、平凡社新書、二〇〇一年
小田中直樹『フランス七つの謎』文春新書、二〇〇五年
長部重康『現代フランスの病理解剖』山川出版社
宮台真司「選挙結果から未来を構想するための文章を書きました」(http://www.miyadai.com/index.php?itemid=302)
門彬「国内治安のための法律――犯罪者のDNA情報蓄積から国旗・国歌侮辱罪まで――」(http://www.ndl.go.jp/jp/data/publication/legis/219/021905.pdf)

あとがき

ようやく完成することができた……。パソコンを前にして、大きく肩で息をつく。書き上げた原稿を編集者とともに改稿・修正・加筆する……という作業が何度か繰り返された後、原稿はゲラとなりさらに手をくわえ、やっと一冊の本が完成した。

二〇〇四年七月三日から二〇〇六年三月二五日まで私はフランスに滞在した。フランスにとって激動の時期だった。この間、欧州憲法・暴動・初期雇用契約（CPE）・大統領選挙をめぐる動きを取材した。欧州憲法の取材では与党・社会党・極右・極左といったあらゆる陣営の集会に行き話を聞いた。

フランス政治家の話を直に聞いて思ったが、この国の政治のレベルは高い。有権者の政治に対する関心が高く、投票率も日本に比べてはるかに高い。大統領選挙では八〇％近くかそれ以上の市民が投票する。有権者のレベルが高いから、選ばれる政治家のレベルも高い。フランスは政治先進国だ。

フランスの政治・社会に関する本を書こうと思い立った動機は、日本ではアメリカに対する関心があまりにも高いのに比べ、ヨーロッパに対する関心が低いからだ。米国の社会や政治を紹介する本は山のようにある。しかし、フランスに関する本はその十分の一もない。他の欧州諸国に関する文献も同様に少ない。日本で「欧米」といわれる場合、それは「米国」のことを指すことが多く、「欧」ではどうなっているのかは問われない。あまりにも米国一辺倒の社会の風潮に物申したくて、このような著書を上梓した。フランスを通してヨーロッパの輪郭が見えるように心がけたつもりである。

本書で触れたとおり、来年の二〇〇七年にはフランスで大統領選挙・国民議会選挙・地方議会選挙が行われる。フランスとヨーロッパの未来を決定する年になることはまちがいない。

保守系候補のニコラ＝サルコジ氏と社会党候補になるのが確実のセゴレーヌ＝ロワイヤル氏の人気は拮抗している。二〇〇五年に行われたドイツの総選挙では保守系のキリスト教民主同盟と革新系の社会民主党の獲得議席が僅差となり、両党による保革大連立となった。二〇〇六年四月に行われたイタリアの上院・下院選挙でもベルルスコーニ前首相が率いる右派連合「自由の家」とロマーノ＝プローディ前欧州委員長が率いる左派連合の「連合」が拮抗し、わずかの票差で左派連合が過半数に達し、プローディ氏を首相とする左派連立内閣ができた。サルコジ氏とロワイヤル氏が大統領選挙で衝突すれば、ドイツ、イタリアのように、どちらが勝つにせよ「薄氷の勝利」になるのではないか。そんな予感がする。

それにしても、イタリア、ドイツ、フランスと右派と左派で人気が拮抗するのは何故だろうか。一つには左派と右派の大きな違いが欧州政界でなくなってきたことがあげられる。欧州連合の主要国では極左・極右政党をのぞけば、右派・左派ともに欧州統合と欧州連合の機能強化をめざす点で共通している。欧州憲法が頓挫したとはいえ、欧州各国の国家主権は弱まり、欧州連合がより力を持つ方向で、物事は動いている。この流れは誰が国のトップに就こうが変わらない。

本書でサルコジ氏とロワイヤル氏の性格・思想・政策について触れた。それを読んだならば、彼／彼女が大統領になればフランスはどう変わるか……多少の想像はできるだろう。

保守本流のドゴール主義との訣別を明言しているサルコジ氏が大統領になればフランスはどうなるか。ドゴール主義は保守でありながら、社会福祉や公共サービスを重視する。一方、サルコジ氏は「公共」より「競争」を重視する。ドゴール主義はアメリカからの独立を目指したが、サルコジ氏は「独立」よりもアメリカとの「協調」を目指す。米英型・アングロサクソン流の社会をフランスで実現しようと企むサルコジ氏が大統領になれば、小泉政権の如き「痛みを伴う構造改革」が進むことは間違いない。英国でサッチャーが、米国でレーガンがやったように、二〇年遅れで民営化が公共部門で進み、「小さな政府」に国は向かう。

ロワイヤル氏が大統領になればどうなるか。彼女もまた、これまでの社会党とは違った政権運営をするだろう。というのは、彼女は万年野党だった労働党を改革し、左派を刷新し、政権を奪取し、新自由主義への道でもなく社会福祉国家への道でもない「第三の道」政策を実行したトニー＝ブレア英国首相を評価しているからだ。ミッテラン政権やジョスパン内閣とは根本的に異なる新しい左派政権をつくるだろう。

フランス政治を分析した本の最後で、日本の政治にもふれておきたい。日本では一九五五年以降、一九九三年八月から九四年六月まで続いた細川&羽田政権のわずかな期間をのぞけば、五〇年以上、同一の政党・自由民主党が政権に就いている。政権交代が起きない国は独裁国家に近い。ヨーロッパでもアメリカでも、政権交代は起きて当たり前だ。フランスでは現政権党・国民運動連合と社会党が緊張感を以て対立している。日本の政治には緊張感がない。それは野党の民主党が政権を奪取する可能性が低いからだ。日本の政治を再生するためには、政権交代がまず実現し、野党と与党が緊張を持った状態にならなければならない。

民主党よ、しっかりしてくれ！とエールを送っておく。

末筆ながら、本書の編集を担当してくれた柴田章さんと本書を引き受けてくれた花伝社に深く感謝したい。本をつくる作業の初歩的な知識すら持ち合わせない私を、柴田さんは教え励まし導いてくださった。柴田さんのお陰で気兼ねすることなく、スムーズに仕事に取り組むことができた。

また、取材に応じてくれた方々、御協力いただいた方々にも感謝の気持ちを伝えたい。一人の力では本を書き上げることなどできなかった。多くの人に支えられ助けられて、一冊の本が完成した。

最後に、息子の渡仏・留学を支援してくれた父・母にも感謝の念をささげたい。家族の支援があったからこそ、一年九カ月の間、フランス生活を無事おくることができた。

この一冊が読者の幸せに役立つことを願ってやまない。

二〇〇六年一〇月一日

及川　健二

及川健二（おいかわ けんじ）
1980年、東京都生まれ。
ジャーナリスト、写真家。
早稲田大学社会科学部卒業。
写真家の今枝弘一氏の下で写真を学ぶ。
現在、早稲田大学社会科学研究科・政策科学論修士課程・国際経営論コース在学中。
月刊誌・週刊誌などでルポルタージュや、エッセイ、写真を発表。
著書に『ゲイ＠パリ　現代フランス同性愛事情』長崎出版、2006年　他。
ポット出版のサイトでブログ『及川健二のパリ修行日記』を連載。
http://www.pot.co.jp/oikenparis

沸騰するフランス――暴動・極右・学生デモ・ジダンの頭突き

2006年10月25日　初版第1刷発行

著者 ――及川健二
発行者 ―平田　勝
発行 ――花伝社
発売 ――共栄書房
〒101-0065　東京都千代田区西神田2-7-6 川合ビル
電話　03-3263-3813
FAX　03-3239-8272
E-mail　kadensha@muf.biglobe.ne.jp
URL　http : //www1.biz.biglobe.ne.jp/~kadensha
振替 ――00140-6-59661
装幀 ――渡辺美知子
印刷・製本 ―株式会社シナノ

©2006　及川健二
ISBN4-7634-0478-4 C0036

花伝社の本

やさしさの共和国
—格差のない社会にむけて—

鎌田 慧

定価（本体 1800 円＋税）

●時代の潮目に呼びかける評論集
酷薄非情の時代よ、去れ——。気遣いと共生の時代よ、来たれ！　小泉時代に吹き荒れた強者の論理。日本列島のすみずみに拡がった格差社会。いまの社会でない社会をどう目指すのか。どんな社会や生き方があるのか……。

世界のどこにもない大学
—首都大学東京黒書—

都立の大学を考える都民の会 編

定価（本体 1600 円＋税）

●首都大学東京はいまどうなっているか
「こんな大学はないぞ！世界には」(石原都知事)開学 1 年半を経て、首都大学東京は危機的状況にある。教員の大量流失、教育条件・研究環境の解体、学生たちの不安……。改革＝大学破壊の一部始終。

水俣病救済における司法の役割
すべての水俣病被害者の救済を求めて

水俣病訴訟弁護団

定価（本体 1500 円＋税）

●水俣病公式確認 50 年。悲劇は終わっていない。大量切り捨て政策を裁いた司法。しかし、新たに救済を求める被害者が 4000 人を超え、1000 名を超える人々が訴訟にたちあがった。世代を超える汚染は、いまも住民の体を確実にむしばんでいる……。

若者たちに何が起こっているのか

中西新太郎

定価（本体 2400 円＋税）

●社会の隣人としての若者たち
これまでの理論や常識ではとらえきれない日本の若者・子ども現象についての大胆な試論。世界に類例のない世代間の断絶が、なぜ日本で生じたのか？　消費文化・情報社会の大海を生きる若者たちの喜びと困難を描く。

死刑廃止論

死刑廃止を推進する議員連盟会長
亀井静香

定価（本体 800 円＋税）

●国民的論議のよびかけ
先進国で死刑制度を残しているのは、アメリカと日本のみ。死刑はなぜ廃止すべきか。なぜ、ヨーロッパを中心に死刑制度は廃止の方向にあるか。死刑廃止に関する世界の流れと豊富な資料を収録。**［資料提供］アムネスティ・インターナショナル日本**

笑いの免疫学
—笑いの「治療革命」最前線—

船瀬俊介

定価（本体 2000 円＋税）

●奇跡のパワー
次々と明らかになる驚異の自然治癒力。ガンも糖尿病もアトピーも消えていく。笑いは人類に備わった究極の防御システム。腹の底からの笑いこそがあなたの生命に奇跡を引き起こす。患者にやさしい医療はもう目の前だ。